平话金融丛书

预期管理_与货币政策有效性

EXPECTATION MANAGEMENT AND
EFFECTIVENESS OF MONETARY POLICY

许毓坤◎著

本书得到福建省社会科学规划（FJ2021BF007）、"福建省
高等学校新世纪优秀人才支持计划"（2017）和福建工程学
院科研启动基金（GY-S20006）等项目的资助。

经济管理出版社
ECONOMY & MANAGEMENT PUBLISHING HOUSE

图书在版编目（CIP）数据

预期管理与货币政策有效性／许毓坤著.—北京：经济管理出版社，2023.4
ISBN 978-7-5096-8995-0

Ⅰ.①预…　Ⅱ.①许…　Ⅲ.①货币政策—研究　Ⅳ.①F820.1

中国国家版本馆 CIP 数据核字（2023）第 074362 号

组稿编辑：王光艳
责任编辑：王光艳
责任印制：张莉琼
责任校对：徐业霞

出版发行：经济管理出版社
　　　　　（北京市海淀区北蜂窝 8 号中雅大厦 A 座 11 层　100038）
网　　址：www. E-mp. com. cn
电　　话：（010）51915602
印　　刷：北京市海淀区唐家岭福利印刷厂
经　　销：新华书店
开　　本：710mm×1000mm /16
印　　张：14
字　　数：201 千字
版　　次：2023 年 6 月第 1 版　　2023 年 6 月第 1 次印刷
书　　号：ISBN 978-7-5096-8995-0
定　　价：68.00 元

预期改变行为，行为改变经济。

前　言

　　自 Lucas 提出著名的"卢卡斯批判"后，宏观和微观经济理论的融合已经成为经济研究的一个新思路，宏观经济问题的微观行为解释是当前经济学研究的一个热点。预期是一个特殊的经济变量，既受宏观经济影响，又能通过改变人们的经济行为反作用于宏观经济。央行在预期引导和管理上的观念变革引发了对货币政策的新思考——货币政策的核心是协调和管理预期。预期管理思想对世界经济的影响日趋重要，美日欧等发达国家和地区采取量化宽松的货币政策来应对经济危机体现出预期管理的思想。在中国，预期管理正成为政府政策实践的主导，2010 年 3 月，十一届全国人大三次会议上的《政府工作报告》中指出把管理通胀预期作为今后一个时期宏观调控的主要内容。2013 年 9 月，有关预期管理政策思想的文章高调出现在中央政府网站，官方主流媒体如新华社等竞相报道。2016 年国家"十三五"规划中提出"更加注重引导市场行为和社会预期"，2021 年国家"十四五"规划提出"健全宏观政策制定和执行机制，重视预期管理和引导"，预期管理逐渐成为中央政府对社会经济发展调控管理的有力工具。

　　本书在这样的研究背景下，应用数量模型、博弈论和国外新近发展的 DSGE 技术，以新兴的粘性预期理论为基础，对预期与货币政策有效性、预期管理等问题进行深入研究，以期得到一些富有理论意义和现实意义的结论。

　　本书的主要研究内容和结论如下：

　　第一，利用央行的城镇居民储蓄调查报告和 Datastream 等数据库的统计调查数据建立计量模型，细致地考察预期的心理影响因素和波动特征。实证分析表明人们的经济体验是影响通胀预期的关键性因素，通胀预期具有不确定性（粘性和突变性）、异质性和非线性特征，这与人们的行为心理变化有关。实际通胀决定通胀预期，但通胀预期也会影响实际通胀，通胀预期长期较为理性，但短期波动较大。在中国，通胀预期还具有空间异质特征。

第二，分析了预期对货币政策有效性的影响。预期机制不同，对菲利普斯曲线所持观点也不一样。在粘性预期视角下，菲利普斯曲线的位势、旋转方向与人们的经济预期有关，也与政府的经济政策有关。实证分析认为菲利普斯曲线将随着预期变化产生顺时针旋转，而积极货币政策在避免经济衰退的同时容易导致菲利普斯曲线逆时针旋转，可能造成经济滞胀。预期在货币政策传导中发挥着关键性作用，利率、货币供给、信贷渠道和央行沟通等货币政策都会通过转变预期改变经济行为最终作用到经济上从而取得政策效果。在经济周期性波动中，预期变化不仅能增加产出，也能推波助澜制造资产泡沫，更能让经济深陷萧条无法自拔，而逆周期调节预期能提高货币政策有效性。

第三，在经济目标框架下，预期管理可通过引导、协调和重塑公众预期来提高货币政策有效性，满足国家经济需要。建立数量模型分析认为央行管理预期比管理通胀更有利于控制通胀的波动幅度。建立不完全信息动态博弈模型，探讨央行对公众预期的反应规则，有别于根据宏观经济变量制定货币政策的传统思路。在粘性信息的动态一般均衡模型中引入预期冲击，利用参数校准和贝叶斯估计方法建立 DSGE 模型分析预期冲击如何影响经济，模拟了不同预期对通胀和产出的冲击情况，为采用预期管理提高货币政策的有效性提供了实证支持。

第四，根据我国的政治经济环境，分析认为预期管理适合我国现阶段金融化水平不高，货币政策具有多目标和需要积极应对国与国之间货币经济博弈等方面的情况，能够在我国经济整体目标上起积极效果。本书最后就我国采取预期管理提出几点相关的政策建议。

目录

第一章

引　言

第一节　研究背景

一、理论背景

　　1976 年，Lucas 发表了《计量经济政策评价：一种批判》[①] 对根据凯恩斯主义理论建立起来的计量经济学方法或思路提出批评，认为经济学家应当从经济当事人的行为和动机出发来研究宏观经济问题。这后来被西方经济学家称为著名的"卢卡斯批判"，之所以"著名"是因为根据其观点提出了宏观经济研究的新思路——从人们的微观行为入手来研究宏观经济问题，这直接导致了宏微观经济理论的日趋融合。经济人的微观经济行为是宏观经济现象的基础，预期和行为变化影响宏观经济运行。信息经济学认为在信息收集、甄别和处理上均需要成本，而信息大爆炸、信息不完全等更是对理性经济人假说提出挑战。Simon（1982；1987）在信息成本、信息爆炸、组合爆炸和信息不完全基础上提出"人无法获得决策所需的所有信息，更无法知晓某个问题的全部复杂关系及结果"的论断。Simon 因有限理性理论而获得 1978 年诺贝尔经济学奖。Shiller 在《非理性繁荣》[②] 和《动物精神》[③] 等论著中探讨了经济波动中的非理性因素，他认为人的非理性行为是造成经济危机的关键因素。Shiller 获得 2013 年诺贝尔经济学奖。

　　[①]　Lucas R J. Econometric policy evaluation：A critique [J]. Carnegie-Rochester Conference Series on Public Policy，Elsevier，1976，1（1）：19-46.

　　[②]　希勒. 非理性繁荣 [M]. 廖理，施江敏，译. 北京：中国人民大学出版社，2001.

　　[③]　与另一位诺贝尔奖得主 Akerlof G. A. 合著，简体中文版《动物精神》由中信出版社于 2012 年出版。

　　理论界对微观经济行为及其非理性特征的关注，推动了经济学的发展。预期理论经历了静态预期、外推预期、适应性预期、理性预期到现在新兴的粘性预期，预期形成机制差异改变了人们的货币政策观念。Friedman（1968）在菲利普斯曲线中引入了通胀预期，其预期机制是适应性预期，他认为菲利普斯曲线在短期向右下方倾斜长期为垂直直线，因此得出货币政策短期有效长期无效的结论。Lucas（1972）、Sargent 和 Wallace（1975；1976）在 Muth（1961）理性预期机制基础上撰文阐述了关于货币政策的观点，他们认为只要公众预期是理性的则货币政策为中性。理性预期学派得到前所未有的发展，但遗憾的是现实中各国央行并没有采纳理性预期学派货币中性的观点，仍在积极使用货币政策调控经济。新凯恩斯主义在理性预期下引入粘性工资或粘性价格的概念，或是直接采取粘性信息、理性疏忽等粘性预期思想分析货币政策效应，认为货币政策非中性，理性预期削弱了政策效应，但工资、价格和信息等的粘性让政策仍然有效。粘性预期主导的货币政策在决策和实施中将有新解释、新规律。

　　源于对日本流动性陷阱研究的预期管理思想被认为是经济学发展史上的一场重要变革。预期管理理论继承了 20 世纪 90 年代以来政策透明思想提出的动态通胀目标观点，这导致货币政策观念的明显改变。Morris 和 Shin（2008）认为，传统观点视货币政策为工程，货币当局试图操作各种货币工具来实现经济目标；现代观点视货币政策为策略，货币政策的核心是管理和协调预期，稳定经济波动。"预期管理理论有两大特色：一是研究经济危机；二是研究货币政策效率。"[①]货币政策是一种策略，其核心内容是管理好公众预期，以提高政策效率，减少经济环境中的不确定性。因此，判断一项货币政策的效果如何，不仅看其所带来的 GDP、CPI 和就业率等指标的变化，而且要看这项货币政策在引导和管理公众预期的程度，避免公众预期错误对经济产生不确定影响的作用，最终对经济波动逆周期调节产生效果。

---

　　① 李拉亚. 预期管理理论模式述评 [J]. 经济学动态, 2011 (7)：113-119.

预期形成机制改变了货币经济学家的政策观点，而预期管理的思想正在改变人们对传统货币政策的观念。

二、现实背景

从"理性预期"到"预期主义"再到当前的"前瞻性指引"，预期管理的思想正对世界经济产生影响。从全球范围看，现阶段美日欧等发达国家和地区所采取的量化宽松货币政策都体现了"预期管理"思想。在中国，预期管理正成为政府政策的实践主导。2009 年 12 月，中央经济工作会议将"管理通胀预期"作为未来经济工作的主要任务。2010 年 3 月，国务院总理温家宝在党的十一届全国人大三次会议上的《政府工作报告》中指出：将保增长、调结构和管理通胀预期作为今后一个时期宏观调控的主要内容。2013 年 9 月 26 日，新华社撰文《世说中国策：从全球视角看中国的"预期管理"》，文章指出国务院总理李克强主持召开国务院常务会议谈到政府信息公开工作的重要作用时，多次提及"稳定市场预期"。该文章被中国政府网站等官方网站所转载，引发热议。预期管理如此高调出现在官方主流媒体实属罕见，这被视为我国政府预期管理中具有里程碑意义的事件。为了促进经济结构调整，防范系统性风险，我国有必要借鉴其他发达国家的成功经验，高度重视预期对经济的影响，通过稳健的货币政策引导公众预期，避免经济出现大的波动。2017 年，为有效处理经济周期与金融周期在新时期不一致性问题，党的十九大提出双支柱调控框架工作思路，对经济系统和金融系统联合调控，李拉亚（2020）称为"新目标制"，是一种预期管理方式。

我国对货币政策预期管理的实践尚处于起步阶段，重视预期对经济的影响，加强对预期的衡量与调查，采取灵活政策手段引导通胀预期进行前瞻性管理，将有利于防止市场预期演变成实际通胀，有利于防止预期不确定引发经济波动，有利于逆周期调节经济，避免危机和摆脱危机。

第二节　研究目的和意义

一、研究目的

在全球量化宽松的货币政策和中国经济换挡的时代背景下，讨论粘性预期对提高货币政策有效性的关键作用。本书研究将主要利用调查统计数据，建立数理模型来深度剖析通胀预期的内在机理和变化规律，探讨粘性预期及其与货币政策的关联、机制和作用等，建立动态博弈模型来描述通胀预期在货币政策制定和实施中的重要机理、反应规则。为政府相关部门进行预期管理审慎制定货币政策，逆周期调节经济等提供理论依据和政策建议。

二、研究意义

本书研究以新兴的粘性预期理论为基础，从微观经济行为的视角来解析预期的内在本质和变化规律，探求预期引发通胀的作用和机理，为建立健全预期管理机制，缓解货币政策的动态不一致，促进经济政策的稳健和前瞻，提高货币政策有效性提供理论支持。

次贷危机后，宏观审慎受到了前所未有的重视，而这离不开预期管理。当前，货币政策的决策和实施越来越注重与公众沟通，管理趋势正处在向预期管理转变的阶段。通胀预期是怎样的状况和规律，实际通胀对通胀预期存在怎样的影响，通胀预期和人们的经济体验有什么联系，通胀预期如何影响货币政策效率，经济波动中预期冲击的反应如何，我国应如何建立预期管理机制提高货币政策有效性，这些都将成为本书研究的主要内容。

第三节　研究思路、方法与内容

一、研究思路

本书研究的基本思路：从预期机制的视角重新梳理关于货币政策有效性的理论；在此基础上结合当前新兴预期理论，探讨粘性预期对于提高货币政策有效性的作用，思考如何通过影响预期来提高货币政策效率，实现宏观审慎下的预期管理；根据我国实际情况提出预期管理的政策建议。

二、研究方法

本书主要的研究方法是文献研究和模型实证研究。

1. 文献研究法

通过查阅文献来获得资料，全面地、正确地掌握所要研究问题和知识。一是从心理学、行为经济学研究成果中归纳预期行为特征和规律，了解预期形成的微观基础；二是重新梳理预期理论，分析预期形成机制演进和发展，为分析预期对货币政策有效性的影响做好准备；三是比较不同学派的预期思想对货币政策的作用和影响；四是通过透明度、目标制到预期管理的比较研究，为建立预期管理提供理论支持。

2. 模型实证研究法

拟采用 DSEG（SIGE）模型、GARCH 模型、SETAR 模型、脉冲响应函数分析等数据计量分析方法。将 GARCH 模型应用到预期的分析发现预期变化的内在规律，如是否存在不确定性、突变性和非对称性等。VAR 模型往往用于分析模型受到某种冲击时对系统的动态影响。脉冲响应函数分析将用于预期与经济体验变量间的波动影响研究。SETAR模型提示预期可能有门限阈值，预期行为在不同机制下表现相异，呈现非线性特征。比较分析央行管理通胀与管理通胀预期的损失函数变化情况，探讨央行更为有效平滑通胀的政策途径。建立博弈模型从静态和动态两个方面刻画预期在货币政策管理中的内在影响机制。DSGE（SIGE）模型用于模拟粘性预期冲击对经济系统的影响，尤其考察预期对货币政策的影响。

需要使用的软件：Eviews、Matlab、Dynare、S-plus、R 等。

三、研究内容

（一）预期理论的重新梳理

粘性预期是本书的研究对象之一，在开展研究之前，有必要对预期相关理论进行重新梳理。了解国内外学者在预期和预期管理研究上的新进展、新成果和新趋势，分析其不足，以期进一步厘清研究思路，为揭示预期心理行为、挖掘调查统计数据和数理模型模拟等提供理论支持。

（二）通胀预期的微观经济基础与宏观变动特征

通胀预期是经济人对物价未来一段时期内可能状态的判断，与客观经济形势有关，也与经济人的主观心理感受、受教育程度和社会经历等有关。利用现代心理学、行为经济学的研究成果来解释预期行为特征。对统计信息资料进行数据挖掘，分析不同环境不同因素下心理预期的变化规律。本部分研究将为预期不确定、异质性和非线性等问题研究提供实证支持。

（三）预期对货币政策有效性

预期是影响经济的重要因素，能对经济波动推波助澜。在比较不同预期机制对货币政策有效性的影响后，分析粘性预期机制下的菲利普斯曲线可能状态。人们的经济行为由预期所决定，故预期是货币政策发挥传导效用的关键性因素。经济周期性波动中，人们的预期会表现出不同状态，逆周期调节经济就是要协调管理人们的预期，这样货币政策才能发挥出事半功倍的作用。

（四）预期管理与货币政策效率

比较央行在重视通胀预期管理和重视通胀管理下的最优收益，从数量模型分析上提出预期管理在降低或缓解央行货币政策动态不一致性上的优越性和可行性。在不同信息条件下分别建立静态和动态的博弈模型，研究央行对公众预期的反应规则。建立预期冲击的 DSGE 模型来模拟分析粘性预期对经济系统尤其是货币政策的影响，揭示预期在货币政策运行中的作用机理，讨论央行管控通胀预期的关键作用和效果。

（五）我国预期管理的适应性分析和政策建议

根据我国的政治经济情况，分析认为在经济目标框架下采取预期管理完全符合我国的现有国情，能更好地提高货币政策有效性。本书最后提出我国进行预期管理的政策建议。

第四节　研究技术路线

图 1-1 为本书的研究技术路线。

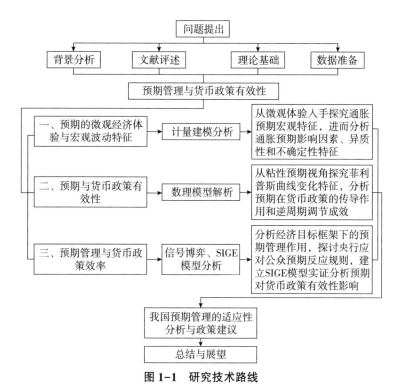

图1-1 研究技术路线

第五节 创新之处与不足

本书研究以粘性预期理论为基础，分析通胀预期的内在特征和规律，探讨预期机制对货币政策有效性的影响，建立博弈模型设计央行对公众预期的反应规则，采用DSGE模型分析预期对经济系统的影响，突出预期管理在提高宏观货币政策效率中的作用。

在新数据和新视角下，本书的创新如下：

第一，粘性预期视角下的菲利普斯曲线。从粘性预期视角思考菲利普斯曲线，认为预期不确定性将影响菲利普斯曲线的位势和动态特征。菲利普斯曲线会随着人们的预期变化产生旋转，其旋转方向、大小和位势与人们的预期波动状态有关，也与政府的经济政策有关。积极的货币政策在避免经济衰退的同时，容易导致菲利普斯曲线逆时针旋转，造成经济滞胀。就目前收集的文献来看很少从这个角度开展研究。

第二，央行对公众预期的反应规则研究。从数理模型展开关于央行预期管理对于平滑通胀波动、提高货币政策有效性的讨论。建立信号博弈模型，探讨不完全信息条件下央行与公众预期反应的动态均衡，央行释放可置信信号引导公众形成合理预期，让公众预期配合政策来保持经济稳定和增长。探讨央行对公众预期的反应规则，这有别于央行根据宏观经济变量制定货币政策的传统思路。

第三，预期冲击对经济系统的作用与影响。在新兴粘性预期理论基础上建立 DSGE 模型，采用贝叶斯估计模拟分析预期冲击对货币经济的影响，分析时设计"预期冲击消减比率"来模拟不同类型和方向的预期冲击影响，这体现了粘性预期的思想，使得模拟更贴近现实情景，冲击反应更为真实，结论更为可靠。现有文献很少有从这个方面开展实证研究。

由于笔者的研究能力以及知识有限，在研究过程中，对许多问题还未进行更为深入细致的研究，这将有待于今后进一步完善，这些缺陷主要有：研究主要在封闭的经济系统内讨论粘性预期对货币政策有效性的影响，仅在预期管理中提及国与国之间的货币政策博弈问题。未能从理性疏忽数理模型展开对货币政策有效性的讨论也成为本书研究的遗憾。

第二章

研究综述

第一节　预期的基本理论

一、预期的概念

　　预期在《现代汉语词典》①中的解释为预先期待，预就是预先、事先，期就是期望、等待。预期就是人们根据已经获得的信息、利用自身的经历、知识和技术等来对事物的未来趋势进行的判断或估计。

　　预期主体可分为个人和组织（机构）。个人作为预期的主体，其数量非常庞大，有多少人就有多少预期，并且因人而异并不统一，即所谓的预期异质性；与个人预期不同，组织（机构）的预期往往表现为集体决策，此时预期会表现为具有趋同的特点。预期的方法很多，可以分为定性和定量。定性预期：包括主观概率法、集体讨论法和德尔菲法等；定量预期：包括数理模型、线性回归、非线性回归和计算机算法等。不同的预测技术和方法得到的预期值可以相互比对相互印证，达到提高预期精准度的目的。

　　人们通过学习提高技术积累经验，提升信息处理能力从而提高预期能力。从预期的角度来看，学习就是为了获得稳定的预期输出。比如：学习驾车技巧是为了在驾车过程中获得稳定的驾驶预期。一个经验丰富的驾驶员可以应对各种复杂的路况，一个仅仅掌握基本驾车技能的学员却不敢面对。为什么呢？因为新学员没有稳定的驾驶预期输出，所以没法面对复杂路况。可见，人们之所以学习、不断地练习、积累经验和改进信息集就是为了获得稳定预期输出，增强预期信心和

---

①　现代汉语词典：第 2 版 [M]. 北京：商务印书馆，1992：1417.

固化预期收益。

二、预期利益、规律和特征

（一）预期利益

人们之所以预期，是希望获得正确预期和行动后所能带来的利益。仅从经济角度看，如经济人把钱存入银行是因为有低风险偏好的稳定利息预期；把钱投资到股市是因为有高风险偏好的资本增值回报预期；把钱投资房地产是因为有房产增值和房产使用收益预期；把钱用于扩大经营是因为有更高的产出和利润回报预期。可见，预期的最终目标就是获得正确预期下的预期利益。

预期利益必须大于或等于预期成本，否则预期主体会放弃这次预期行为，选择借用他人预期或简单维持原有预期不变。

（二）预期规律

预期利益受到各种价值规律的约束，也受到其他如政策制度、文化习惯等影响。首先，预期须符合一般经济规律，这由预期利益所决定。预期行为符合经济运行规律，预期才有迹可循，通过对一般经济运行规律的了解，就可以对预期行为变化做出基本的判断。例如，银行利息提高，人们预期储蓄将带来更多的利息收益，所以存款将会增加；通胀还有继续发展的趋势，人们就会增加现时消费，避免通胀带来的贬值风险。其次，预期可能没有规律可循。这里说预期没有规律主要是指预期受到心理因素影响较大。心理作用很是神秘，现代科学正逐渐揭开其面纱。不同的人会有不同的经历、文化、知识、习惯和信仰等，这些都会形成其独特的心理倾向最终影响预期。同一事物乐观的人会得到乐观的预期，悲观的人会得到悲观的预期。心理因素、行为表现存在种种不确定，所以预期与不确定是紧密联系在一起的。

说预期有规律是指预期要符合经济社会变化的规律，说预期没有规律是指预期容易受到心理等不确定因素影响，往往因人而异无章可循。

（三）预期特征

1. 复杂性

预期是客观基础上的主观判断，具有复杂性特点。为了正确判断未来，人们总要尽可能地收集更多信息来研究，希望学习和掌握更深的事物运行规律来帮助判断，努力获得更精确的计算技术来做决策。这些都是预期客观性的表现。预期如果仅仅如此也就简单了，预期复杂性除了客观基础外还受人的主观心理作用。人的心理过程复杂而神秘，影响因素众多，包括人的情绪、信念、文化、经历、知识和学习能力等。所以预期在主观心理的作用下具有很强的不确定性。即便是相同的客观条件和信息，不同的人，或是同一个人不同时间，或是同一个人同一时间不同情绪，都可能会做出截然不同的判断。

预期的复杂性让预期带有不确定性，产生了预期的粘性、突变性和异质性。

2. 动态性

预期过程是一个动态过程。预期需要经验的积累，需要知识的储备，需要信息的处理，需要未来趋势的研判，因此预期本身就是一个动态过程。预期是一个动态变化过程，预期的环境、信息、知识、技术和方法都随着时间不断调整，如此，预期不可能一成不变，而是在实践过程中不断做出调整。预期对象也是一个动态过程，即便预期对象是某一时点的事物运行数据，它也是一个动态变化。可见预期的对象和主体、预期过程中的信息、知识和技术等都在不断变化更新，所以预期具有动态性。

3. 概率性

人们希望可以正确预期未来，事实却很困难。预期对象的未来值往往是服从某一概率分布，故预期行为具有概率性特征。经济事物运行的不确定性让预期无法完全正确，只能得到一个可能的概率分布。把预期看作一个随机变量，按照统计学的大数定理，大量随机现象发生频率具有稳定性，单个预期不再是随机变化而是具有概率意义上的确定性，总体预期就可以分析，预期就有规律。

三、预期的影响因素和形成过程

（一）预期的影响因素

影响预期的因素主要有时间、知识、不确定性、信息和体验。

1. 时间

时间可以改变一切，其中包括预期。时间是改变预期最为关键的因素，主要表现为随时间的延长会出现更多的信息产生更多的不确定，如果时间静止，那么所有因素就能被确定，预期就简单了。经济事物在动态过程中不断变化，并且时间越长变化越大，所以时间长短决定了预期准确度和难易程度。当然，信息和不确定性也是影响预期的关键，但这都是在时间维度中产生，故认为时间是影响预期的关键因素之一。

2. 知识

知识主要涉及预期的两个方面：一是预期行为的知识，如预期判断的技术和方法；二是预期对象的知识，如经济事物的运行规律和特征。知识来自人的学习和经历，学习可以丰富知识，让预期判断更为准确和容易。经历是人的经验积累与总结，丰富的经验能更好地排除不必要的信息干扰，获得良好的预期结果。有些知识是独有的，这种知识在形成预期中发挥了独特的作用，使预期与众不同；有些知识是共有的，这种知识在形成预期中将表现出共性特点，使得人们的预期趋同。知识的作用也会让预期变得理性，人们利用已经掌握的各种有用的知识来预测未来。

3. 不确定性

经济事物运行存在不确定性，不确定性影响预期的概率选择。经济环境不确定，诸多因素不为人控制；知识和能力的局限，预期技术方法有待改进；信息不完备，存在逆向选择和道德风险；心理综合环境的干扰；等等。这些都是不确定性表现。有些不确定来自整个系统，它们不以人的意志为转移，故不能避免。如经济运行的周期性波动就是一个系统性的不确定，又如政治事件。有些不确定来自预期主体，它们因预期主体特性而改变，如企业经营不善盈利减少，这种不确定可以通过类似资产组合降低。

4. 信息

预期过程中除了知识局限外，影响预期的一个关键因素就是信息的数量和质量。信息的数量越大，预期判断的依据和信心就越大；信息的质量越好，预期判断的准确度就会越高。信息不同于知识具有时间性特点，过时的信息一文不值。知识可以传承，过去的知识仍可以用于现在预测。有用的信息有助于正确预期，无用的信息甚至有害的信息将干扰正确预期，甚至误导预期造成误判引起损失。信息的收集、甄别和处理等都有成本，人们需要为此付出时间、精力和金钱，所以预期有成本。当正确预期所获得的预期利益小于预期成本时，人们就会选择放弃预期。信息可能是不对称的，个人、组织所拥有的信息可能不一样，这导致道德风险和逆向选择让预期变得更为困难。

5. 体验

体验隐含着人们社会行为的体会和经验总结，所以体验具有相对主观性。不论是个人还是组织（机构）都存在一定的经济体验环境，这将影响个人或组织的预期。以通胀预期为例，经济人根据其所处的经济环境和经济行为中获得一定的经济体验，菜价、房价、油价、最低工资限额、利率变动和货币政策变化等，让经济人对市场总体价格水平和趋势有了一定的理解和体会。长期通胀体验会形成固定模式，变为思维惯性，即便实际通胀已经发生变化，思维惯性也会让经济人保持原有通胀预期趋势不随便更改。当然，体验也可能造成预期的突变。当经济人认为价格不会不断地上涨，将有下跌回调阶段时，通胀预期将会提前改变，表现出突变的特点。体验增加了预期的不确定性和异质性，进而增加对预期的理解难度。

（二）预期的形成过程

预期是如何形成的呢？预期的形成过程是一个近似于黑箱或是灰

箱的行为过程，如图2-1所示。当预期主体对该事物不具有基本的知识储备和经验积累时，预期将表现为一个黑箱过程。当预期主体对该事物具有一定的知识储备和经验积累时，了解预期对象的基本模型结构参数等，那么这就是一个灰箱过程。预期过程中，知识、技术、信息、体验等被输入决策黑箱（或灰箱），经济人的经济体验其心理感受因素同样作用于决策过程，最终决策黑箱（或灰箱）输出预期。

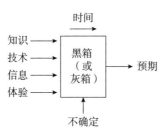

图 2-1　预期形成过程

第二节　预期理论的观点综述

一、从早期的预期思想到粘性预期理论

（一）早期的预期思想

早期的预期思想，起源于古典经济学派对预期行为的思考，包括新古典经济学派对预期的阐释。早期的预期思想强调人的心理因素对预期的影响。在瑞士学派的著作文献中对该预期形式有详细描述。Marshall的预期思想、Keynes的预期思想都是这种的预期思想，他们关注人的心理活动，认为这种心理活动（包括不经思考的冲动、动物精神等）都会左右人的预期，造成生产、投资和消费等行为改变，最终影响到经济。

　　Marshall 所说的"期待"就是一种预期分析，在均衡理论中提到的"等待"也是一种预期分析，这种分析沿心理角度出发。所以，Marshall 的预期是一种"心理预期"，无理性和非理性之分。Marshall 的预期思想对后来经济分析思想产生影响。瑞典学派 Myrdal "事前""事后"和"预期"的分析思想都是对 Marshall 预期思想的发展。1898 年，Wicksell 在《利息与价格》中对货币利息理论进行阐释，提出自然利率概念，其中透露出他对预期的看法。如果企业家预期未来能够获得超额利润，将选择增加投资和扩大生产，促使生产要素需求上升导致物价上涨。1939 年，Myrdal 在《货币均衡论》的货币均衡分析中引入了事前、事后和预期等概念，还从预期和储蓄的变动方面分析货币失衡和经济失衡，这些都对 Wicksell 的研究理论进行补充、修正和发展。同样在 1939 年，Lindahl 在《货币和资本理论的研究》中，特别重视预期的作用。其认为人的心理预期包括对未来的价格、需求和经济前景等估计，对经济动态过程有直接决定意义。在分析经济动态过程时，预期被分为完全预见和不完全预见，并把完全预期同经济动态情况结合起来研究。Lindahl 还提出了不同主体的预期行为存在差异的观点。虽然他高度重视预期对经济的影响和作用，但是他对预期的分析还比较笼统，没有考虑到预期的形成机制，仅将其作为外生的经济不确定因素加以研究。Keynes 的预期理论也是从心理学角度出发，较 Marshall 的心理预期不同的是 Keynes 将不确定性与预期结合起来，强调不确定性对预期的影响。人们在做出预期时，除了判断哪种情景的概率出现较大外还受到决策者主观心理不确定的影响。那些"一时血气之冲动""油然自发的乐观情绪"等动物精神对预期的判断都会产生实质性作用。

　　以上对预期的认识和经济学运用主要集中在心理预期，没有从预期形成机制上进行分析研究。Keynes 之前，许多经济学家已经发现预期对经济的重要性，可惜没有提出一套完整的理论来解释预期形成机制。Keynes 本人对预期的理解较前人更进一步，考虑不确定性与预期的关系，但是他同样将预期作为外生变量来考虑。

　　1961 年，Muth 在《理性预期与价格变动理论》中详细地介绍了预期形成机制：静态预期、适应性预期和理性预期。

（二）静态预期

静态预期是预期理论中形成机制最简单的预期。其数学表达式如下：

$$P_t^e = P_{t-1} \tag{2-1}$$

其中：P_t^e 是对 t 期价格的预期，P_{t-1} 是 $t-1$ 期的实际价格。

根据式（2-1），人们直接用上一期的实际价格作为未来一期的价格预期，完全按照过去预测未来，故它是一种向后看的预期理论。静态预期没有考虑人们在预期行为过程中的学习能力和误差修正能力。

静态预期的一个典型例子就是蛛网模型。1930 年，蛛网模型由美国的 Schultz、荷兰的 J. Tinbergen 和意大利的 Ricci 各自独立提出，由于价格和产量的动态均衡图形犹如蛛网，故这种理论被命名为蛛网理论。蛛网模型虽然将预期思想引入市场价格的动态均衡分析，但它对预期的应用是机械的、简单的和粗糙的。蛛网模型是在一个封闭经济系统中，没有考虑生产者间相互交流，更没有考虑信息更新和学习进步等，所以静态预期注定模型存在局限性。1961 年，Muth 发展了蛛网模型的预期含义，考虑了适应性预期的影响。Pashigian 在 1970 年考察了理性预期思想下的蛛网模型价格循环路径。

（三）外推预期

蛛网模型中给出的静态预期过于简单甚至天真，完全没有考虑人会通过学习来提高预期精度。为弥补静态预期的不足，1941 年 Metzler 在研究存贷周期的同时提出了外推型预期概念。在 Metzler 的理论中，预期不仅与上一期的价格有关，也与价格变化的趋势（方向）有关。这意味着，预期不仅要依据经济变量的历史，还要考虑经济变量的变化方向。外推预期的数学表达式如下：

$$P_t^e = P_{t-1} + \alpha(P_{t-1} - P_{t-2}) \tag{2-2}$$

其中，α 是预期系数，P_t^e 是对 t 期价格的预期，P_{t-1}、P_{t-2} 是 $t-1$、$t-2$ 期的实际价格。预期系数 α 度量了对经济变量变化趋势的心理估计。预期系数 α 的变化取值范围一般假设为 $[-1, +1]$，如果 $\alpha > 0$ 意味着经济变量的变化趋势被保留，如果 $\alpha<0$ 意味着经济变量的变化趋势被逆转，如果 $\alpha=0$ 则模型退化为静态预期。

较静态预期，外推型预期在形成过程中考虑了经济变量的变化趋势是预期理论的一种进步，但是它还存在明显的不足，没有充分注意到人们会根据自身的预期结果和实际情况的偏误来修正预期，使得预期更为精准。这个问题在适应性预期中得到解决。

(四) 适应性预期

适应性预期是由美国经济学家 Cagan 在 1956 年提出来的，该理论认为在预期过程中，经济人不仅会考虑以前所做的预期，而且会用过去的预期误差来修正预期。货币主义学派的领军人物 Friedman (1968) 分析菲利普斯曲线时使用的预期理论就是适应性预期。"各种预期应根据现时通货膨胀率与预期通货膨胀率之间的差额进行调整，比如，预期率是 5%，现时率是 10%，预期率就将调整到 10% 与 5% 之间的某个位置上。"[①] 适应性预期的数学表达式如下：

$$P_{t+1}^e = P_t^e + \lambda (P_t - P_t^e) \tag{2-3}$$

其中：P_t^e 代表在 $t-1$ 期时对 t 期价格的预期，λ 为适应系数且 $0 \le \lambda \le 1$。适应系数 λ 体现了适应性预期根据过去的历史记忆而调整，调整的力度因人而异，当 $\lambda=1$ 时，适应性预期退化为静态预期。如果展开式 (2-3)，则可以得到式 (2-4)。该式说明了预期形成过程，P_{t+1}^e 是该实际价格的所有历史值的加权平均数，历史数据对适应性预期的影响作用明确，并且离现时越近的历史数据影响越大。由于适应性预期考虑了预期与实际值的误差并以此来修正下一期的预期，所以适应性预期是一种带有反馈机制的预期行为。

$$P_{t+1}^e = \lambda \sum_{k=0}^{\infty} (1-\lambda)^k P_{t-k} \tag{2-4}$$

适应性预期理论较外推型预期理论进步，是因为其考虑人的预测误差并用于修正下一预期，但是适应性预期的预期形成机制还是存在

---

① 弗里德曼. 失业还是通货膨胀？——对菲利普斯曲线的评价 [M]. 张丹丹，胡学璋，译. 北京：商务印书馆，1982：25.

重大的理论不足：适应性预期只考虑到过去历史变化影响，没有考虑其他方面的信息对预期行为的影响。如果被预期变量出现非平衡性的变化时，该理论无法及时给出准确预期。适应性预期的预期形成机制并不完善，这引起不少经济学家提出批评，并催生了理性预期理论的诞生。

（五）理性预期

1961 年，美国经济学家 John F. Muth 在《合理预期和价格变动理论》一文中提出理性预期理论，刚开始该理论没有引起足够关注，直到十年后的 Lucas（1972）、Sargent 和 Wallace（1975；1976）把理性预期概念应用于稳定经济政策的分析中，这才被重视并逐渐发展成一个独立的经济学派——理性预期学派。理性预期理论的出现，一定程度上引发了西方经济学界的震动，被称为"理性预期革命"。

理性预期理论认为，经济人会充分有效地利用所有可得的信息来形成一个无系统性偏误的预期。理性预期的数学表达式如下：

$$P_t^e = E[P_t \mid I_{t-1}] \tag{2-5}$$

其中，I_{t-1} 表示在 $t-1$ 时期所能获得的所有相关信息。根据理性预期假说，人们会充分利用所有的信息形成一个无系统偏误的预期，从统计学的角度看就是无偏、有效和一致性。$E(u_t) = 0$，即预期 P_t^e 是 P_t 的无偏估计；$cov(u_t, p_{t-1}) = 0$ 表明误差 u_t 与信息集 I_{t-1} 不相关，也说明了 P_t^e 已经充分利用了 I_{t-1} 的信息；$E(u_t u_{t-1}) = 0$ 说明预期的误差是序列不相关，此前的预测误差对当期的预测无干扰。

理性预期的理论基础来自古典经济学派和新古典经济学派的"自由竞争"和"市场出清"理论，由此提出三大假说"货币中性和货币非中性假说""自然率假说"和"理性预期假说"。随着对预期认识的不断深入，预期成为经济系统中一个关键变量，从外生变量到内生变量是关键性转变。如此，预期的作用和影响发生了质的变化，预期再也不独立于经济系统之外，它作为一个关键变量参与到经济运行中并左右经济变化。理性预期理论取得成功的另一个关键还在于其理性认识和理性原则。根据理性预期理论，对经济变量的估计将满足无偏、有效和一致性，这不难让人联想到统计学中的"白噪声"。曾经有不少学者采用统计学的方法饶有兴趣地检验了理性预期假设存在性，如高峰和宋逢明（2003）的《中国股市理性预期的检验》等。理性预期假设与统计数量方法相互结合，大量的数量方法都可以在理性预期假设下游刃有余地探讨经济。当各种可能的数学工具被派上用场，基于理性预期的经济分析具有数量分析上的优势，这成为理性预期的一大优点。显然，理性预期理论促进了数量方法在经济学的广泛使用，推动了经济学的发展。

相对于静态预期、外推预期和适应性预期，理性预期完美地描述了预期的形成机制并开创了一个全新时代。但是，理性预期理论过于理想和完美，经济人由于信息获取成本和自身学习能力的限制，不可能获得完美的经济信息，同样无法准确描述未来变化。从预期理论的发展历史看，每一次预期理论的创新发展都给经济学带来一个新的视角。理性预期带来经济学史上的一场革命，但还是有很多问题没有解决。比如理性预期秉持货币中性论，各国央行却不是如此制定政策。或许，经济学界正在等待一个更新、更准确描述预期行为的预期理论出现。

（六）粘性预期

20世纪计算技术快速发展，在突破线性建模假设的同时带来了组合爆炸和信息爆炸问题。完全信息条件下的信息收集和分析成本（包括时间成本和决策成本）将变得异常巨大而无法计数。在1982年，Simon提出有限理性理论认为经济人无法获得决策所需的全部信息，也无从知晓其因果作用的每一细节。[①] 这样，经济人追求的是满意解而不是理性假设下的最优解。

"在Fischer（1977）的契约模型中，已有粘性预期思想。甚至连理

---

① 1978年，Simon因"对经济组织内的决策过程所进行的开创性的研究"，荣获诺贝尔经济学奖。

性预期的噪声模型也隐含了粘性预期的概念。"[1] Roberts（1998）的论文中使用了类似粘性预期的概念。他假设一部分人采用适应性预期而另一部分人采用理性预期，这是一种异质性预期的思想。显然采用理性预期的人会成为采用适应性预期的人的学习对象，学习的过程就是预期演进发展的过程，这个学习过程显然需要时间，这样预期就具有粘性。同样采用异质性预期的还有：Gali 和 Gertler（1999）的模型中的前瞻性预期和后顾性预期，Carroll（2005）模型中的专家预期和公众预期，等等。这些模型都体现了预期的异质特征，也说明了学习可降低预期成本。

　　理性疏忽、粘性信息和粘性预期被统称为新兴粘性预期理论，下文将重点介绍。

二、新兴的粘性预期理论及其局限

　　理性疏忽、粘性信息、粘性预期都是新兴粘性预期理论，它们分别从理性放弃理性行为、信息更新粘滞、预期行为的角度探讨预期粘性。

（一）理性疏忽

　　2003 年，Sims 正式提出理性疏忽理论，认为经济人的注意力和时间有限，决策时会理性地选择疏忽信息变化，只求局部最优。信息更新缓慢而离散，经济人在更新一次信息后会保持这种信息不再更新，处于理性疏忽阶段，直到某一时刻信息发生较大转变或经济人重新评估该事物。显然，信息处理能力约束了人们的决策行为，信息处理能力的限制造成人们决策时理性地选择疏忽新信息而仍用旧信息来决策。理性疏忽理论解释了为什么经济行为存在粘性和突变性的特点，较理性预期理论，能更为真实地描述预期行为。2004 年，Reis 假设获取和处理信息是有成本的，提出了疏忽行为模型，认为由于人们选择疏忽

---

　　① 李拉亚. 理性疏忽、粘性信息和粘性预期理论评介［J］. 经济学动态，2011（2）：117-124.

行为造成信息的更新和传递出现粘性。在理性疏忽理论中，因为使用了过去的或是部分的信息，所以不确定性来自经济人本身，这不同于理性预期理论强调的不确定性是由外在产生。

Sims 借用 Shannon 信息论概念建立理性疏忽模型。信道容量是信息论的一个重要概念，表示信道能无错误传送的最大信息率，这里被用来衡量经济人的信息处理能力。信息熵衡量变量的不确定性，信息流量衡量不确定的变化。假定变量 X 的概率密度函数为 $f(x)$，X 的熵为 $H(X) - E[\log f(x)]$，随机变量的不确定性取决于变量的概率密度，当 X 服从正态分布时 $H(X) = \frac{1}{2} \log_2 [2\pi e Var(X)]$，这时 X 的不确定性由其方差决定。现在，考虑存在一个可观察信号即一个随机变量 Y（服从正态分布），在给定随机变量 Y 的条件下 X 的不确定性为 $H(X/Y) = \frac{1}{2} \log_2 [2\pi e Var(X/Y)]$。

所以，两个随机变量 X、Y 之间的信息流被表示为前者的不确定性与后者不确定性的差，数学表达式如下：

$$I(X; Y) = H(X) - H(X/Y)$$
$$I(X; Y) \leq \kappa \tag{2-6}$$

其中，$H(X)$ 表示 X 在收到信号 Y 前的不确定性，即一种先验的不确定性；$H(X/Y)$ 表示 X 收到信号 Y 后的不确定性，即一种后验的不确定性。因此，信号 Y 的出现增加了对随机变量 X 的解释，相应 X 的不确定性就减少，而减少的程度还取决于人们的信息处理能力。用"κ"来表示信息处理能力，即前面所说的信道容量。κ 给不确定性 $I(X; Y)$ 设置了一个上限符合实际经济情况，信息公开免费，而利用信息的唯一成本就是信息处理能力成本。Sims 采用线性二次高斯最优控制方法，为方便求解，他假设状态变量的后验概率分布服从高斯分布，通过推导得到信息约束和多元状态下的线性二次控制问题的动态系统，如下：

$$S_t = G_0 + G_1 S_{t-1} + G_2 C_{t-1} + \varepsilon_t$$
$$\hat{S}_t = \left(I_t - \sum \Lambda^{-1}\right)(G_1 + G_2 H_1)\hat{S}_{t-1} + \sum \Lambda^{-1}(S_t + \xi_t)$$
$$C_t = H_0 + H_1 \hat{S}_t \tag{2-7}$$

其中, S_t 是 t 期的状态, C_t 是 t 期进行的控制, I_t 是 t 期的可用信息, $\hat{S}_t = E[S_t \mid I_t]$。

在信息约束下，上述模型根据观察到的信号，选择控制变量和真实状态的后验概率来最大化二次型目标函数。如果系统的不确定性较小则说明该模型对系统的描述较好，反之描述较差。这个模型假设过于苛刻存在不足，为此，Sims（2006）发展了一个更一般的两个时期理性疏忽模型，其信息约束采用非线性模型。新模型会更符合实际经济活动，信息不完备导致经济人的无效决策甚至不决策，即便是很微小的信息变化也可能造成决策改变。

理性疏忽理论一经提出，其模型变量所表现出来的易变性和粘滞性特点很快就引起了经济学界的兴趣，不少学者沿着 Sims 的思路展开讨论，并发展出各种经济模型。Lewis（2006）提出的状态变量与控制变量相互影响的两时段理性疏忽模型。Luo 和 Young（2009）首次在真实经济周期 RBC 模型中引入了理性疏忽建模思想，避免了标准模型响应曲线瞬时跳变而是更符合实际的"驼峰"式的渐变过程。Martins 和 Sinigaglia（2009）构建了多状态变量的理性疏忽模型。Bartchuluun（2009）基于理性疏忽理论建立了两个时期的劳动供给模型，在 RBC 模型中引入非线性约束考察了家庭的消费与储蓄、劳动与闲暇决策。Mackowiak 等（2010）建立了包含理性疏忽的 DSGE 模型，分析货币政策冲击对经济的影响。

Reis（2004）认为理性疏忽模型具有较强的模型优势：首先，理性疏忽模型反映了有限理性人的行为，较理性预期模型具有更为广泛的运用基础。在动态经济模型中一个共同的却又往往没有被提及的关键因素是人们对未来的预期，经济模型动态发展方向和程度是由人们的预期所决定的，这样理性疏忽模型对预期的解释摆脱了理性预期的完全理性和信息完备的约束，具有更为广泛的经济模型适用性。其次，理性疏忽模型认为信息是具有成本的，人们对信息的处理会根据自身能力的不同而存在差别。这与此前，经济学界普遍采用的信息无成本可以随时取用的观点相左但却更符合实际经济现象。信息收集、甄别、处理和传播等都需要花费成本，这已经是现代经济学家的共识了。

总之，理性疏忽模型既能准确地反映经济人决策行为特征也能很好地描述出种种经济现象，为宏观经济和微观经济理论的相互衔接提供了新的思路。

（二）粘性信息

如前所述，源于 20 世纪 70 年代的新凯恩斯主义学派提出了一系列精致的模型来解释工资和价格的粘性现象，如相对工资、长期合同、交错工资和菜单成本等。这些模型为凯恩斯主义找到了与主流分析范式相一致的微观基础，在一定程度上解释了经济活动中出现的粘性现象。然而，这些精致模型在取得成绩的同时也让经济学家开始思考更为一般化的模型。Mankiw 和 Reis 就是其中的两位经济学家。

2002 年，Mankiw 和 Reis 在《粘性信息对粘性价格：一个替换新菲利普斯曲线的建议》中提出粘性信息理论。他们承认预期理性，但是经济人为了减少信息使用成本会选择利用过去信息替代当期信息来做决策，这样预期决策表现出粘性。在社会经济活动中信息传播缓慢，人们在获取和处理信息时需要考虑成本因素，所以经济中普遍存在粘性。粘性信息的提出是对理性预期条件下，信息完备、免费可随意获取的否定。Mankiw 和 Reis（2007）建立由物品、劳动力和金融市场的动态模型，利用美国宏观数据分析发现粘性信息存在于任何市场中，尤其是消费者和劳动者在用粘性信息决策时最为明显。Mankiw 和 Reis 的粘性信息思想主要来源：一是来自 Fischer（1977）的契约模型，该模型提出了当前价格水平由过去预期所决定的思想；二是来自 Calvo（1983）的交错契约模型，该模型假定人们在一个时期内不改变价格，而是随机选择日期更新信息和价格；三是来自 Gali 和 Gertler（1999）提出的部分企业设定价格的拇指法则（经验法则），该模型假设人们采用通货膨胀校正过期价格。[①]

根据 Mankiw 和 Reis（2002）的假设：人们在接收信息、处理信息时都会面临一定的约束，这种约束主要来自人们自身能力和信息获取

---

① 李拉亚. 理性疏忽、粘性信息和粘性预期理论评介 [J]. 经济学动态，2011（2）：117-124.

两方面。如果信息的获取存在困难（比如说获取更新信息需要额外的
支付或是信息渠道闭塞、信息传递粘滞等），人们就无法及时更新信
息，只能使用过去的信息来进行决策，这样决策行为很大程度上受到
信息获取和更新能力的影响。所以，信息粘性条件下，人们会继续使
用过去的信息作为当期信息来决策，因此经济人的行为（如价格粘性、
工资粘性等）就会存在粘性，直到人们获得新的信息。人们何时会更
新信息是一种不确定性经济现象，为解决这个问题，Mankiw 和 Reis 假
定粘性信息是外生变量，人们更新信息是遵循一定概率 λ。引入概率
λ 来表示人们信息更新的情况，这样整个经济社会中，将会有 λ 比例的
人使用现期的信息，会有 $\lambda(1-\lambda)$ 比例的人使用上一期的信息，会有
$\lambda(1-\lambda)^2$ 比例的人使用上上一期的信息，如此递推。然而，如果粘性
信息是外生变量，那么模型的微观基础是什么呢？外生性的粘性信息
模型引起了学者的质疑。显然，信息存在成本将使得人们在决策过程
中考虑成本因素，这使得粘性信息内生化。Reis（2006a；2006b）、
Jinnai（2007）、Branch 等（2009）都积极讨论了粘性信息内生化问题。
其中 Reis（2006a）指出由于信息存在成本，如果粘性信息下的价格水
平越接近充分信息下的价格水平，选择疏忽信息更新的损失将越小，
这样企业更新信息的时间就会延长。企业和消费者最优的疏忽行为时
间长度分别为 d_1^*、d_2^*：

$$d_1^* = \frac{2}{\zeta}\sqrt{k/\left[\theta(\theta-1)(\psi+1)Var(y_t - y_t^n)\right]} \qquad (2-8)$$

$$d_2^* = \frac{1}{r}\ln(1 + \sqrt{4K/\tau\sigma^2})。 \qquad (2-9)$$

其中，k 是预期的成本与利润之比，ζ 为真实刚性指数，θ 为需求价
格弹性，ψ 为劳动供给弹性，y_t 为实际产出，y_t^n 为不存在信息粘性情况下
的产出。K 为预期的成本，σ 为收入波动性，τ 为绝对风险厌恶系数，r
为真实利率。

根据 Mankiw 和 Reis（2002）的研究，如果信息更新存在粘性，企
业在 t 时期获取信息并决定价格将是一个缓慢过程，假设 λ 为企业每个
时期获取新信息并改变价格的比例，则将有 $(1-\lambda)$ 比例企业仍旧根据
过去的信息决定价格。这样企业价格预期的数学表达式为：

$$P_t^e = P_t + \alpha Y_t \tag{2-10}$$

其中，P_t^e 是企业预期价格，P_t 是实际价格，α 是模型参数，Y_t 是产出。假定一些企业在 j 期之前使用旧信息定价，则企业调整的价格 x_t^j 等于当前和所有预期价格的加权平均，权重比例根据与当期的时间距离成正比，即离当前价格越近权重越大。所以实际价格 P_t 的表达式为：

$$P_t = \lambda \sum_{j=0}^{\infty} (1-\lambda)^j x_t^j$$

$$P_t = \lambda \sum_{j=0}^{\infty} (1-\lambda)^j E_{t-j} (P_t + \alpha Y_t) \tag{2-11}$$

将式（2-11）代入菲利普斯曲线就是粘性信息的菲利普斯曲线。

粘性信息与理性疏忽的内在联系与区别：由于粘性信息使用过去信息而理性疏忽使用局部信息做决策，其内在联系是如果理性疏忽选择疏忽的是现期信息的那就是粘性信息理论了。

粘性信息和粘性价格都具有粘性特点，需要对它们加以区别才能了解其假设和含义。新凯恩斯主义在解释菲利普斯曲线时，采用价格粘性和工资粘性的概念。Mankiw 和 Reis 的粘性信息模型较粘性价格模型具有更强的解释能力。粘性价格和粘性信息的经济人假设是相同的，都是假设经济人是理性的，他们了解真实模型结构和参数变化，都希望能降低成本获得最大利润。两者的主要差别在于：粘性价格假设由于长期合同、交错合同等导致价格调整不完全灵活造成粘性；粘性信息假设信息具有粘性，人们为了避免或减少信息成本支付，选择用过去信息来决策，由此信息的滞后造成预期粘性。

虽然，粘性信息模型在解释通胀粘性和实际经济波动过程中显示出比粘性价格更好的性能，但也存在质疑的声音，如 Trabandt 和 Sveriges（2003）认为通胀惯性不仅粘性信息模型能捕捉到，新凯恩斯混合模型也能成功捕捉到。Dupor 等（2006）认为粘性价格模型在解释通胀粘性上仍然具有重要意义，粘性信息模型效果严格依赖于信息更新策略。Coibion（2010）分析认为 Mankiw 和 Reis（2002）的粘性菲利普斯曲线模型过度地描述通货膨胀的持续性特征，而对通货膨胀的波动性表现不足。此外，部分学者将粘性价格和粘性信息结合起来研究得到了很好的效果，如 Tomiyuki（2008）认为双粘模型较单一的粘性模型具有更好的解释能力；Knotek（2010）将菜单成本和粘性信息同时引入模型，发现模型能更恰当地拟合宏观数据。

(三) 粘性预期①

1991 年，李拉亚在《通货膨胀机理与预期》中系统地提出粘性预期理论，认为经济的不确定性造成预期存在不确定性，而信息不完备导致了经济人的预期具有粘性和突变性。粘性预期理论采用方差来描述其不确定性，粘性预期数学公式描述如下。

$$P^* = E_{t-1}(P_t) \tag{2-12}$$

其中，P^* 为粘性预期。

李拉亚认为粘性预期在短期内不会很快改变长期内预期是基本正确的。在《通货膨胀机理与预期》一书中提出粘性预期的五个假设后又增加至六个假设，分别是：①理性经济人假设。在信息成本约束下利用已有的各种可能信息，力图正确预测未来减少决策损失，这点与理性预期假说相同。②黑箱（或灰箱）假设。经济人依据过去的经验信息来做预期，预测模型因人而异。普通人不知道经济系统的真实模型，只关心模型的输入与输出，所以此时经济系统是个黑箱。具有经济素养的人对经济系统有一定了解但不全认识，因此他们的模型是灰箱模型。③信息具有成本假设。一般均衡理论中信息成本为零，信息像空气一样被随意择取。在粘性预期理论中信息具有成本，人们收集信息的边际成本应该小于等于正确决策的边际收益，所以经济人不可能去收集完全信息。信息遗漏可能导致预期系统偏误，因此预期和不确定相互联系，这与理性预期理论不同。④学习假设。人们从两个方面来学习，一是从自己的经历中总结经验教训来纠正预期偏差，二是选择向他人学习和模仿。学习他人的预期也是一种理性人的表现，"跟从"是大多数人减少决策成本的选择。⑤错误预期不能持久假设。预期学习中，一旦发现预期错误人们会立即纠正错误，也会在经济发展中不断修改预期，所以错误预期不能持久存在。⑥信息时滞假设。李拉亚

---

① 根据李拉亚老师要求，在本书结构安排上将他所提出的粘性预期理论放在理性疏忽理论和粘性信息理论之后介绍。

（1995）在《通货膨胀与不确定性》一书中新增了第六个假设——"信息时滞假设"，即信息的发布和获取存在时间成本。在一般均衡理论中信息瞬时可得，既无成本概念也无时间概念。在粘性预期理论中，信息时滞性导致预期不会在短期内及时变化，预期呈现出粘性特点。

李拉亚高度肯定预期与不确定性的关系，认为"不确定性是粘性预期的灵魂"①。在凯恩斯看来，预期的不确定性来自客观和主观两个方面：客观方面是信息不完备，主观方面是心理活动的随意性。"在建立粘性预期理论时，继承了凯恩斯关于预期不确定性的客观基础，而放弃了其主观基础。"②粘性预期理论认为，心理活动的主观随意性虽然确实存在，但是由于存在决定意识，人们在确定的经济环境中会有不以人的意志为转移的客观规律（如经济繁荣时会增加投资等）。预期的不确定性决定了预期的粘性和突变性特征，这种特征来源于信息不完备。在信息不完备的情况下，人们无法及时调整预期，预期呈现出粘性；同样在信息不完备的情况下，人们也可能因为"羊群效应"或是"信息瀑布③"而大规模地调整预期，预期呈现出突变性。

与理性预期相同，粘性预期也用数学期望来描述，但其概念要比数学期望丰富得多。与理性预期不同，粘性预期将不确定性信息作为自身的一大理论基础。粘性预期采用数学方差概念来描述不确定性：$D[P] = E[P - E(P)]^2$，其中 $D[\ ]$ 是方差运算算子。"当然也可以采用其他度量不确定性的方法，如熵，但这增加运算的复杂性，故采用较为简单的方差方法。"④ 李拉亚（1995）将方差引入基于理性预期的蛛网模型中，推演其数学模型认为更符合不确定性条件下的经济人行为。在信息不完备下，人们的预期与不确定性呈正相关关系。

（四）新兴粘性预期理论的局限

作为新兴的粘性预期理论，理性疏忽、粘性信息和粘性预期理论

---

① 李拉亚. 通货膨胀与不确定性 ［M］. 北京：中国人民大学出版社，1995：54.

② 李拉亚. 通货膨胀与不确定性 ［M］. 北京：中国人民大学出版社，1995：54.

③ 信息瀑布，是指一种由信念维系的从众行为，用于解释个体行为如何左右大众信念，从而导致群体行为系统性地偏离。

④ 李拉亚. 通货膨胀与不确定性 ［M］. 北京：中国人民大学出版社，1995：57.

都认可不确定性与预期关系，对预期行为中粘性特征的解释较为深入，但是对预期行为中的突变性研究未充分展开。

突变性与粘性一样是预期不确定性所导致。预期行为会在更多的时候呈现粘性，但是预期行为也会表现出突变的特点，虽然这不常发生。后文对通货膨胀预期的图形分析确实观察到预期突变的现象，说明预期行为不会像蛛网模型价格那样被动跟随变化而是会根据经济波动趋势提前做出改变，这充分体现预期非线性的特点。新兴的预期理论在解释预期突变方面还很薄弱，这可能与当前经济科学对非线性研究不足有关，需要从其他科学研究中汲取更多研究成果（如混沌论、突变论和群体行为等）为研究预期行为突变提供思路和借鉴，让我们期待粘性信息、理性疏忽和粘性预期理论能在研究预期行为突变上取得新突破和新进展。

第三节　预期与货币政策

一、预期机制与货币政策有效性

从古典经济学派到凯恩斯主义，它们承认心理作用对预期的影响，却没有提出预期形成机制；承认预期对经济系统有影响，却将预期视为经济模型的外生变量。这局限了预期在经济政策中的作用。Keynes在《就业、利息和货币通论》①中已经考虑到预期与不确定性的关系，不确定因素引入预期思想是一种进步。在 Keynes 看来，长期预期是一种相对不稳定的预期，主要是受到来自未来经济和人们心理不确定的影响。

1968 年，货币主义主要代表人物 Friedman 指出菲利普斯曲线不

---

① 《就业、利息和货币通论》是英国经济学家约翰·梅纳德·凯恩斯的经济学著作，首版时间是 1936 年。商务印书馆 2005 年出版简体中文版。

足，并将预期作为一关键的经济变量引入菲利普斯曲线。刚开始是适应性预期，后来逐渐发展为理性预期和粘性预期，附加的预期变量形成机制不仅改变了菲利普斯曲线的角度还改变了它的位置。根据货币主义的观点，短期中工人错把名义工资当作实际工资是导致菲利普斯曲线向右下方倾斜的主要原因，长期中工人的预期得到提高，原来的适应性预期发展成更为完美的预期，此时预期通胀率等于实际通胀率，菲利普斯曲线也从向右下方倾斜的斜线变为垂直的直线。故此，货币主义反对相机抉择的经济政策，强调货币重要性，建议采用"单一规则"的货币政策来指导满足市场对货币的需求，这与凯恩斯主义所倡导采用各种货币工具来干预经济、克服危机和促进就业所不同。

1961 年，美国经济学家 Muth 提出理性预期进一步改变人们对货币政策的认识。理性预期认为人们会充分有效地利用所有可得信息来形成一个无系统偏误的预期。它不仅包括被预期变量的所有过去信息，还包括真实经济模型的结构参数以及政府政策规则的参数。由于公众能准确预期货币政策效果并采取应对措施，所以理性预期学派认为任何货币政策都不会对实际经济产生真正影响。理性预期秉持的货币政策中性论与货币主义学派基本一致，但也存在不同。货币主义采用的是适应性预期，短期无法准确预测未来通胀率，故货币非中性；长期中预期通胀率会等于未来通胀率，故货币中性。理性预期学派认为，人们具有理性预期能够准确预测未来经济，据此不论短期还是长期货币皆中性。因此，理性预期学派认为货币政策唯一目标是防止和制止通胀，而不是同时治理通胀和失业。

新凯恩斯主义充分吸收了理性预期假设，在具体解释经济现象时，用工资粘性、价格粘性代替原凯恩斯主义的工资、价格刚性概念，试图建立工资和价格粘性的微观经济假设来解释经济中的种种粘性现象。这些理论模型包括了长期合同、交错调整价格理论、粘性价格理论和隐性合同等。根据新凯恩斯主义无论是预期的还是未预期的货币政策对总产出都有影响，只是未预期的货币政策会有更大的影响。

在理性预期下，加入具体的微观假设来解释经济粘性是一些经济学家的努力，另一些经济学家从预期形成机制中寻找粘性新解释。

Mankiw 和 Reis（2002）认为预期理性，但信息传播缓慢获取信息存在成本，人们使用过去信息替代当期信息做决策。Reis（2009）构造了一个存在粘性信息的动态一般均衡模型（SIGE），在这里经济人因为信息更新存在成本而处于疏忽状态，信息更新概率存在差别。由于该模型考虑经济运行中存在信息更新摩擦，使得 SIGE 模型较粘性价格模型更能准确地描述经济波动。Sims（2003）提出理性疏忽理论，认为人们未来避免信息成本会理性地选择放弃理性行为，有意识地疏忽新信息而仍使用旧信息来做出预期。

粘性预期理论为央行治理货币经济提供理论依据，使得央行对货币政策运用可以更为贴近实际情况。如果预期真的像 Lucas 说的那样理性，为什么央行还在根据经济情形不断地使用货币工具呢？粘性预期解释了理性与现实的差距，也为央行货币政策管理提出了更高的要求——预期管理。预期管理是继透明度、目标制后学者们提出的又一重要的货币政策管理思想。下文将重点介绍。

二、预期管理与货币政策效率

关于独立性、透明度和目标制等讨论仍是当前货币政策的热点问题。预期管理思想继承 20 世纪 90 年代的透明思想，依靠央行独立声誉建立信用，实现可变动的预期目标管理，引导和改变公众预期提高货币政策的有效性。

Barro 和 Gordon（1983）最先提出了央行的声誉约束，从博弈的角度考虑央行选择单一规则的货币政策有利于稳定公众预期，起到稳定通胀的目的。Rogoff（1985）提出用委托代理的方法，即任命一个"保守"的中央银行家来管理央行制定货币政策，稳定市场预期，降低通货膨胀偏差。Krugman（1998）在分析日本经济时指出，公众有限理性易受信心影响。央行应对通胀预期需加以区别，较低的通胀预期一般不会损害经济反而有助于投资与消费；只有较高的通胀预期才会导致错误的投资与消费，加剧实际通胀。Forsells 和 Kenny（2002）认为通胀预期会影响到经济主体的消费、储蓄和投资行为，因而对经济运行会产生实质性影响。预期通胀率的上升会影响总需求与总供给，产生需求拉上型和成本推动型混合通货膨胀效应。因此，央行制定和实施货币政策时应充分考虑通胀预期因素。

（一）透明度

1997 年亚洲金融危机后，各国央行和主要货币组织开始注重货币政策透明度对稳定经济的作用和影响。国际货币基金组织认为某些国家政策不透明是导致危机爆发的主要原因，在危机爆发的第二年发布了相关准则①来明确央行在施行货币政策过程中坚持透明度的做法。

货币政策透明度内容的界定，由于关注点的差异国内外学者给出不同的解释。Eijffinger 和 Geraats（2002）认为透明度包括了五个方面：政治透明度、经济透明度、程序透明度、政策透明度和操作透明度。Hahn（2002）认为透明度应包含目标透明、操作透明和知识透明。Winkler（2000）认为透明度涉及公开、清晰、诚实与共同理解四个属性。国内学者谢平和程均丽（2005）将货币政策透明度划分为目标透明、知识透明和决策透明。

货币政策透明度与经济信息不对称相伴，增加央行货币政策透明度就是建立在信息对称基础上来保证央行与公众的有效沟通和共同理解。显然，透明度是央行向市场发出的展现自身信念和工作状况来稳定经济的一种政策，它有别于以往的政策。之前，央行的决策和施政中充满"神秘"，公众往往并不知道央行为什么要采取如此政策，更不知道采取的时间、方式和程度等。"神秘"政策使得市场猜不透央行的工作意图，辨不清市场经济状况，无形中增加了市场的不确定性。央行增加透明度正是为了弥补与公众沟通的不足和缺陷，让公众及时了解市场运作的情况和理解央行所采取的管理措施，稳定市场情绪减少市场的不确定性。

央行增加透明度具有积极效果。一是有助于提高声誉克服货币政策的动态不一致。透明度体现央行的政策信用，制约央行的随意性，

---

① IMF 在 1999 年 9 月发布了《货币和金融政策透明度良好行为准则：原则宣言》。

抑制央行的通胀倾向。二是引导市场预期。Stefano（2005）曾经指出货币政策透明度在稳定公众预期方面有着举足轻重的作用。预期对经济的作用不可忽视，如果增加透明度可以引导市场预期避免不必要的经济波动，那么这就是透明度的关键作用。三是降低通货膨胀水平。在信息透明下，央行的决策行为和经济状况被公众充分知晓，市场预期稳定而清楚，有利于预期锚定避免通胀抬头。在2003年，Chortareas等利用Fry等央行调查数据，对87个国家五年间的通胀水平和央行透明度进行分析，发现通胀水平与透明度呈现出负相关关系，央行政策决策越透明通胀水平越低。当然，部分学者认为央行增加透明度可能存在消极效应，如可能降低社会福利，过度透明导致公众过度反应等。

（二）目标制

20世纪90年代初，在新西兰、加拿大、英国、瑞士、芬兰、以色列和西班牙等一些西方国家相继采取了一种被称为"通胀目标制"货币政策。新西兰是最早实行通货膨胀目标制的国家。《新西兰储备银行法》（*Reserve Bank Act*）要求政府与央行建立协议来确定通胀的具体目标和这些目标将要实现的日期。通胀目标制从此诞生。[①]

通胀目标制不是单一规则也不是相机抉择，而是一种框架，或可认为是一种策略。自从20世纪30年代货币经济学家将货币政策操作政策概括为"规则"与"相机"，两种观点的争论就没有结束过。一个注重于单一规则的内在约束，另一个注重于相机抉择灵活反应。货币政策被分为"规则"与"相机"似乎过于简单，不足以表达央行所面临的现实情况。如今通胀目标制提供了这样一个政策框架能同时满足央行对规则和相机的需要——"有约束的相机抉择"。通胀目标制作为"名义锚"，既有内在规则约束又有面对外在干扰的灵活度，于是越来越多的国家选择采取通胀目标制。

---

① 《新西兰储备银行法》于1990年2月1日生效，法案中明确规定新西兰储备银行（央行）"制定与执行货币政策，以实现与维持价格总水平的稳定为经济目标"。

在《通货膨胀目标制——国际经验》[①] 一书中，Bernanke 等分析了采取通胀目标制的九个西方工业化国家，对比采取通胀目标制的前后变化和应对经济冲击的能力。根据书中研究，采用通胀目标制确实降低了通胀预期。Bernanke 认为施行通胀目标制后，货币政策可信度随着时间的推移逐渐被公众认可，通胀预期水平缓慢地降到官方的通胀目标区间内。通胀目标制并不能完全实现反通胀目的，获得公众信任才是关键。取得信任后，目标制所带来的好处开始逐渐显现，即便是在高通胀下预期也能维持在较低水平，这为反通胀措施增效提供充分的保障。

但是，关于通货膨胀目标制的政策效果也存在一些质疑声音。例如，周小川（2020）在《拓展通货膨胀的概念与度量》一文中认为"新冠肺炎疫情冲击背景下，主要发达国家都处于低通货膨胀或通货紧缩的状态。低通胀对中央银行货币政策的挑战也成为讨论的热点问题（包括菲利普斯曲线是否继续适用、货币扩张和通货膨胀的关系是否改变等），这在一定程度上动摇了通货膨胀目标制"，并借用辜朝明博士（Dr. Richard C. Koo）在 2020 年 9 月份一个访谈中所指出的："通货膨胀目标制现已基本没用了，甚至可能带来资产泡沫。"

整体上说，通胀目标制是一种货币政策框架和策略，是预期管理中一个重要尝试和理论进步。

(三) 预期管理

预期管理的思想起源于 Krugman（1998）在研究日本流动性陷阱时提出建设性管理方案，这最终导致了货币政策观念的明显变革。传统观点认为货币政策是一种"对策"，央行可采用系列货币工具来应对市场变化；现代观点认为货币政策是一种"策略"，其关键是政策的透明和信息的沟通，核心是管理和协调预期。在此基础上预期管理具有两大特色：一个是解决经济危机，如 Krugman 的研究；另一个是提高货币政策有效性，如 Morris 和 Shin 的研究。

随着对预期机制认识的深入，人们对货币政策也有了新认识，货

[①] 本·S. 伯南克，托马斯·劳巴克，弗雷德里克·S. 米什金，等 . 通货膨胀目标制——国际经验 [M]. 孙刚，等译 . 大连：东北财经大学出版社，2013.

币政策不再是一种工程而是一种策略，货币政策不是管理好通胀与就业而是协调公众预期。从管理通胀到预期策略，预期管理理论思想的提出离不开以下这些理论的发展和研究成果。一是信息不对称理论，央行在当前经济运行、政策目标和政策工具的方面具有信息优势，这种优势产生了信息不对称导致公众经济预期的不确定，信息不对称也影响了央行货币政策的可信性和有效性；二是动态不一致理论，相机抉择的货币政策会产生无效率的高通胀，Barro 和 Gordon（1983）提出的解决方案是建立信誉机制，在动态不一致问题中引入声誉约束机制，央行为避免公众"惩罚"而选择"守信"策略，单一规则的货币政策有利于稳定公众预期，起到稳定通胀的目的；三是通胀目标制，目标制建立这样一个框架：央行的首要任务就是明确所要达到的通胀目标并承诺为实现这个目标制定施行政策，通胀目标制给出一个"名义锚"用于稳定公众预期；四是新兴预期理论，新凯恩斯主义吸收市场出清、理性预期等观点提出粘性价格、粘性信息阐明了货币政策的非中性。粘性预期、粘性信息和理性疏忽的预期理论认为预期具有不确定性、有粘性、异质性和突变性，引导和协调公众的预期有利于提高货币政策效果实现经济目标。

关于预期管理在货币政策施行中的重要性讨论在国外早已开始。Svensson（2004）认为管理预期就是货币政策的主要内容，在一定程度上货币政策等于预期管理。King 等（2008）指出通胀预期对家庭和厂商的行为影响巨大，央行如何影响通胀预期是货币政策成功与否的关键。Woodford（2005）认为公众的通胀预期在货币政策有效性中具有至关重要的作用。Morris 和 Shin（2008）认为具体的预期管理内容包括：高阶预期、政策策略和协调预期三个部分。

在国内，学者对货币政策预期管理的研究是结合我国国情展开的。李拉亚（1991）通过建立数学模型提出了粘性预期理论并提出了相应的预期管理解决对策。陈学彬（1996）提出货币当局具有一定的信息优势，而公众预期的形成与央行货币政策规则之间存在相互影响，因此在公众预期形成之前披露信息可以提高宏观调控的效率。徐玖平和高波（2001）建立一个关于公众通胀预期形成的动力学模型来分析公众的通胀预期突变现象，研究给出了避免公众通胀预期发生突变的货币增长操作范围，以稳定经济。肖争艳和陈彦斌（2004）利用央行《居民储蓄问卷调查报告》的定性数据研究了1996~2003年通货膨胀预期的长期性质和短期性质。肖争艳等（2005）研究中国居民通货膨胀预期的异质性，认为各群体的通货膨胀预期存在稳定的异质性。杨小军（2008）将不确定性引入分析框架中研究预期对货币政策有效性的影响力度。李拉亚（2011a）探讨了预期管理的理论基础和来源，简要介绍中国粘性预期理论的预期管理模式。王雅炯（2012）基于中国2003~2010年数据，实证分析通货膨胀预期和央行沟通及其他经济变量之间的相关关系，发现国内央行与市场的沟通行为会影响市场通胀预期，其中口头沟通相对书面沟通对通胀预期的影响更为显著。程均丽（2010）认为在异质预期下货币政策重在预期管理，受约束的相机优于规则。庄子罐等（2012）认为预期冲击是中国经济周期波动最主要的驱动力，预期冲击可以解释超过70%的产出、消费、投资和资本存量的波动。李拉亚[①]从逆周期调节的角度思考央行对公众行为反应规则的博弈设计来达到管理预期赢得公众配合的经济目的。程均丽和李雪（2013）认为央行应重视异质预期，以减少因预期异质造成通胀粘滞而加重反通胀的经济成本。

随着1997年亚洲金融危机、2007年美国次贷危机的爆发，人们开始认识到金融摩擦、金融冲击以及金融中介等正成为实体经济波动的重要影响因素，有关金融经济周期的研究逐渐成为国内外学者的研究热点。宏观审慎政策主要用于应对金融经济周期波动。2017年，习近平总书记在党的十九大报告中提出"健全货币政策和宏观审慎政策双支柱调控框架"，要求运用"双支柱调控框架"以稳定币值、稳定金融、防范系统性金融风险，维护宏观经济正常运行。党和政府高度重视双支柱调控框架对稳定经济和金融的作用，学者们亦展开相关研究。例

---

① 李拉亚. 逆周期调节政策规则的机制设计 [Z]. 经济研究网站工作论文，http：//www.erj.cn/cn/gzlw.aspx? m=20100921113738390893, 2013. 该论文经进一步修改后在《经济研究》2016年第10期中正式发表，修改后的论文题目为《央行政策与公众对策互动关系的利益机制分析》。

如，陈雨露（2017）、程方楠和孟卫东（2017）、郭子睿和张明（2017）、马勇和姚驰（2021）、易纲（2020）等。李拉亚（2020）认为双支柱调控框架是一种新的目标制，经济周期和金融周期不同步是该框架目标摩擦、政策摩擦和系统摩擦的内在原因，因此提出了新货币数量规则和新调控规则，对经济系统和金融系统联合调控，以减少这两大系统之间和两大政策（货币政策和宏观审慎政策）之间的摩擦与冲突，防范系统性风险。

第四节　评述

本章阐述了预期的基本理论、预期与货币政策有效性和预期管理之间的理论关系和相关的理论进展。综合来看，有关粘性预期、货币政策有效性和预期管理的研究已经起步，具有丰富的理论研究与实证研究成果，这为我们进一步开展研究工作提供了很好的借鉴与启迪。

然而，相关研究也存在一定的缺陷，还有许多可以拓展的空间：

第一，预期变化不仅与宏观经济状况有关，也与人们的经济行为心理有关。现有文献主要从宏观经济视角来研究通胀预期，从经济人的微观经济体验角度来解释通胀预期的研究较少。通过对经济人的微观经济体验来分析通胀预期变化，可以了解到更多有关通胀预期变化的内在规律。根据粘性预期理论，预期存在不确定性、异质性和非线性等特征。许多文献采用利息率或概率法等测算得到通胀预期，并以此来展开研究，仅是从一个侧面来反映通胀预期的波动特征，还需要有更多更为直接的调查数据来检验和证明。我国对通胀预期的研究正处于起步阶段，我国的通胀预期又具有怎样的状态和特殊规律，也需要收集更多统计调查数据来实证分析。

第二，通过对有关预期文献的梳理，我们知道不同的预期机制会影响菲利普斯曲线的位势，经济学家因此产生了不同的货币政策观点。粘性预期是新兴的预期理论，从粘性预期视角来研究菲利普斯曲线变化情况，以及所需采取的货币政策措施，还有许多亟待解决的问题：粘性预期视角下的菲利普斯曲线会有怎样的状态和变化规律；对货币政策会有怎样的影响，到底货币政策是中性还是非中性；预期在货币政策传导中扮演怎样的角色；如何克服预期顺周期波动来提高货币政策有效性；等等。这些都是未来的研究方向。

第三，有关货币经济管理的文献，都主要集中在央行如何根据宏观经济变量来制定货币政策上，而从央行如何根据公众预期反应来制定货币政策的研究很少。由于预期变化会影响经济行为进而影响到宏观经济，所以建立央行对公众预期的反应规则，并以此来引导公众预期稳定经济增长，显得尤为重要。现有文献中，有关预期影响经济，影响通胀、产出和就业的研究较为丰富，而从粘性预期角度来阐述预期对经济冲击影响的文献不多见。如何建立相关模型，模拟分析具有粘性特征的预期对经济的冲击影响，以及对预期管理有何借鉴意义，这都有待更为深入的研究。

第四，我国的政治经济环境具有特殊性，预期管理是不是适应我国的现有国情，采取预期管理需要注意哪些方面问题，2017 年中央政府提出"双支柱调控框架"，预期管理在双支柱协调中的作用和角色，这些都值得进一步展开研究。

第三章

预期的微观经济体验与
宏观波动特征

第一节　通胀预期的微观经济体验

通胀预期是经济个体对市场总体价格水平的预测和期望，包含着对当前经济状况、未来变化趋势以及决策者的主观判断。从宏观经济层面来分析通胀预期，如一国经济增长、货币供给、外贸顺差和准备金率调整等都有可能引起通胀变化和与之俱来的通胀预期波动。这方面的研究已经很多，如 Ceridola 和 Gelos（2009）、Ueda（2009）、陈涤非等（2011）、张健华和常黎（2011）等。虽然宏观经济是引发经济人行为决策的基础，但是从宏观经济到经济人行为决策存在经济体验的心理反应这一主观非线性映射，直接用宏观经济变量来解释通胀预期变化仅是研究的一方面。通胀预期是一种基于宏观经济变化的主观判断，从通胀预期的微观经济体验入手展开研究，将从另一个侧面给予通胀预期波动更多的启示。

一、影响通胀预期的三类经济体验

通胀预期的微观经济体验是指在一定的经济环境作用下的各种可能引发人们通胀预期变化的亲身感受，主要包括人们对经济景气循环的经济体验、标志性商品价格变动的经济体验和投资收入变化的经济体验等。

（一）经济景气循环体验

经济景气的周期性循环状态对人们的经济行为起到决定性作用，将影响通胀预期。在经济繁荣初期，人们收入增长经济生活稳定，对通胀具备一定的"忍受力"和"免疫力"，通胀预期增加却也乐观。

经济繁荣末期，市场泡沫积累严重，价格上涨远超收入上涨，实际收入下降和就业不稳定给人们造成一定的经济压力，通胀预期一时难以改变，除非经济出现明显衰退征兆。此时，通胀预期往往呈现出惯性，粘附在较高位置一时很难调整下来。经济进入萧条期，资产泡沫破灭，经济下行已甚为明显，随着价格回落通胀预期持续下降。在经济萧条末期，经济虽然出现复苏迹象，部分商品价格出现小幅上涨，但是人们的通胀预期仍旧保持在原有水平，通胀预期粘附在较低位置即便是价格有一定涨幅也没有明显变化。我国学者李拉亚曾经指出中国在1984年高货币增长而低通胀和1989年高通胀难以调控主要原因就是市场通胀预期分别粘附在低位和粘附在高位造成的①。

图 3-1 描述了经济景气循环体验与通胀预期波动的关系。消费者信心指数 CCI 综合量化反映了消费者对当前经济形势评价，包括对经济前景、收入水平、收入预期以及消费心理状态的主观感受，是预测经济走势和消费趋向的一个先行指标，也是监测经济景气循环变化依据的一个关键指标；消费者信心指数变化区间在 [0, 200]，100 为临界值，100 以上为信心较足，反之信心不足。未来物价预期指数 FP 来源于央行的居民储蓄调查季度报告；指数变化区间在 [0, 100]，FP指数等于 50 意味着居民预期未来物价与上期一致，当 FP 指数大于 50时，指数越大说明居民认为未来物价上涨幅度越大，反之亦然。②

由图 3-1 可知，自 2002~2011 年，未来物价预期指数 FP 处于持续增加的阶段，其间受次贷危机影响在 2007~2008 年出现大幅度下降，但在国内积极经济政策的刺激下，又迅速回到高位。对比此时的消费者信心指数 CCI，则一直处于 100 的临界值处波动，其中，2010 年之前数值大多位于 100 之下，表现为消费者信心不足；2010 年之后数值大多位于100~110，表现为消费者信心得到初步恢复。在 2011~2020 年，未来物价预期指数 FP 处于逐渐下降阶段，此时，消费者信心指数处于恢复上升阶段，尤其是 2015 年之后消费者信心指数提升到 110 以上。

---

① 李拉亚. 通货膨胀与不确定性 [M]. 北京：中国人民大学出版社，1991：61-66.
② 消费者信心指数来源于中经数据网（为方便比较将月度数据转化为季度数据），未来物价预期指数来源于央行的居民储蓄调查季度报告，经过汇总整理。

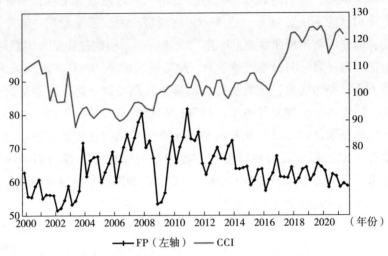

图 3-1　消费者信心指数 CCI 与未来物价预期指数 FP

（二）标志性商品价格波动

标志性商品是指那些被人们普遍关注的商品，如石油、贵金属和房产等。石油是经济的血液，其价格决定下游产业诸多产品价格和运输的成本，所以石油的价格变动客观上影响了经济人的预期通胀水平。考虑到石油、贵金属等商品存在期货交易，理论上讲期货交易的套期保值功能可以顺利地化解因价格上涨所带来的成本上涨压力。所以，这里主要分析房产价格作为标志性商品价格对通胀预期的影响。

在中国，房子不能不说是一种被高度关注的商品，其价格的变化牵动各方面的神经。自 2004 年，中国房地产市场出现一轮价格上涨。房地产价格的上涨带来经济繁荣的景象，与之相关的上下游产业商品的价格随之提高，租住成本的提高也带来了人工成本提升，各方面产品价格的普遍上涨进一步增加了人们的通胀预期。从图 3-2 中可以看出，房地产价格指数 RESP[①] 与物价预期指数 FP 波动类似。在 2004 年，房地产价格指数稳定上升时物价预期指数波动上涨，在 2007 年次

---

① 参见中经数据网。

贷危机爆发后，房地产价格指数的下降带动了物价预期指数的两次向下调整。在物价预期上涨中，计划在未来三个月内购买房产的居民占比（BHOU）不断地下降，显然房产价格的不断攀升减少了居民的购买需求，而与之相反的是计划买车的居民占比（BCAR）不断增加①。货币幻觉可以很好地解释这个现象。作为曾经的高档消费品，汽车的价格一向较高，但是随着通胀来临房价在短短的十年间上涨了3~5倍，房产价值的上涨给人们带来的直观感受就是财富增加。相比之下，汽车较低的价格涨幅让汽车变得相对低廉，这自然而然地让汽车消费需求得以释放，如此在货币幻觉的作用下人们购车的占比增加也就是很顺理成章的事情。

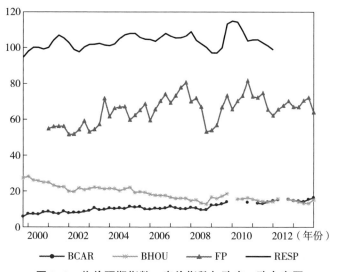

图3-2　物价预期指数、房价指数与购房、购车意愿

标志性商品的价格上涨对引发通货膨胀是有积极作用的，其价格上涨容易让人们产生货币幻觉增加通胀的预期。标志性商品的价格上涨还容易扮演出一种类似于风向标角色，在其价格上涨的带动下其他相关商品也跟随上涨。所以政府控制通胀需要重点控制标志性商品价格上涨过速，更需要注意其给人们心理所带来的物价上涨预期，这比

---

① 参见央行居民统计调查，经整理。

控制物价上涨更为困难。

（三）投资收入体验

图 3-3 体现的是未来物价预期指数 FP 在 50 单位之上波动时，相应的居民消费、储蓄和投资占比的变化情况。在 2005 年之前，居民选择消费占比（MOC）都表现较为平缓，至 2005 年后消费占比开始出现明显下降趋势，到 2007 年第 3 季度又有所提升，此时未来物价预期指数 FP 出现大幅下降。在 2009 年未来物价预期指数 FP 开始新一轮上升时，居民选择消费占比又表现出下降并保持在一个相对较低的水平位置。居民选择消费占比下降了，那计划做什么呢？

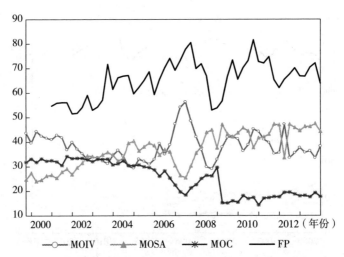

图 3-3　未来物价预期指数与居民选择消费、储蓄、投资占比

图 3-3 中，在 2007 年之前，随着未来物价预期指数 FP 的节节攀升，居民选择储蓄的占比（MOSA）逐渐下降、选择投资（股票、债券、基金）的占比（MOIV）大幅提高（数据来源于央行居民统计调查，经整理），显然这与当时的资本市场泡沫有关。在 2007 年危机爆发之后，未来物价预期指数 FP 下降，资产泡沫破灭经济危机重重，居民投资选择占比（MOIV）迅速下降，消费意愿处于低位，这时居民选择储蓄的占比（MOSA）提升到一个相对较高的水平。这说明此时人们

的预期处于预期陷阱中，人们选择持币避险，减少投资消费而增加储蓄。

二、经济体验对通胀预期影响的实证分析

通胀预期是居民对未来通胀水平的一种主观心理反应，其形成依赖于居民收入水平、物价感受和经济景气等经济体验的影响。以粘性预期理论为基础，从居民经济体验角度来实证研究不同的经济体验对通胀预期的影响，这为理解通胀预期的波动特点以及采取通胀预期管理提供实证支持。

（一）经济体验指标说明

预期是经济人根据知识、经验和经济形势对未来所做出的一种估计。假设经济人的通胀预期来源于信息不完备而造成对未来实际通胀不确定性的心理反应，这种感受由经济人因物价变动造成收入相对变化而产生。研究选取的经济体验指标是：当期物价满意指数 NPF、未来收入信心指数 FY 和未来物价预期指数 FP。当期物价满意指数 NPF 是经济人对实际通胀最直接的感受，通常情况下通胀较高物价满意指数下降，反之上升。但是收入增加会提高居民抗通胀的能力，居民能承受更高的通胀水平物价满意度就不会下降。这说明 NPF 是一个相对指标，与实际通胀和收入水平有关。对收入的经济体验来自未来收入信心程度 FY。现实中，经济人未来收入状况决定现期和未来的消费水平，未来收入信心指数 FY 是影响当前和未来价格水平感受的一个重要心理因素。未来收入增加抗通胀能力的提高，经济人将保持或增加消费，会允许通胀处于较高位置并倾向于产生高通胀预期。反之，则倾向于产生低通胀预期。

（二）通胀预期经济体验的脉冲响应

采用 Eviews 7 软件，建立 FP、CPI、NPF 和 FY 的 VAR 模型，滞后阶数选择 2 阶，分析变量间的脉冲响应，如图 3-4 所示。从图 3-4

可以看出，实际通胀 CPI 对通胀预期 FP 的冲击在第 2 季度后达到最大，该冲击在第 4~5 季度后逐渐消失。通胀预期 FP 在短期内对实际通胀 CPI 的冲击较大，其当期影响最大并在波动中逐渐衰减。未来收入信心 FY 对通胀预期 FP 在短期（第 2~3 季度）中有波动影响，当期物价满意程度 NPF 对通胀预期 FP 在短期（第 1~2 季度）中有波动影响，但持续时间很短。

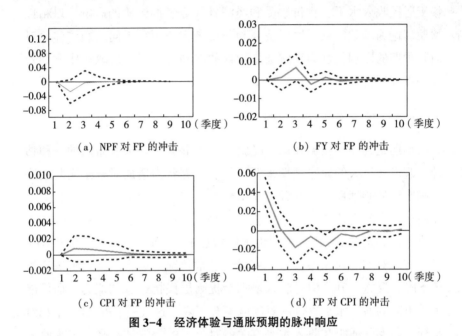

图 3-4　经济体验与通胀预期的脉冲响应

综上所述，经济体验是通胀预期的重要影响因素。在通胀预期管理中，应关注经济人的心理反应变化，尤其是未来心理反应。如：房价上涨对实际的 CPI 影响并不大，但是会带来心理的压力，如果此时几种重要的生产资料轮动上涨特别容易强化人们的心理反应，改变消费和投资行为造成通胀螺旋式上升。故在控制通胀螺旋式上升的同时，防止产生强烈心理反应，有利于控制通胀预期，提高通胀治理的效果。

第二节　通胀预期的宏观波动特征

一、通胀预期的异质性

通胀预期存在异质是新兴的粘性预期理论的主要观点之一，也是预期管理研究中的热点之一。现有文献研究中，对通胀预期的研究分析主要集中在同质性预期的研究上，即假定经济人对所收集的信息判断得出相同的预测。但是，经济人的预期难以同质，主要理由是：①经济人的信息收集、处理能力不一样；②经济人的经验阅历不同，信息处理能力不同；③经济人的学习能力存在差异；④经济人的个体气质信念不同。以上种种原因，都将塑造一个独特的经济人。如此经济人在信息收集、处理、反应、学习力和信念等方面存在差异，很难形成同质性预期。所以通胀预期异质性问题一开始就存在。通胀预期存在异质特征为央行采取预期管理政策引导市场经济行为带来困难。

近些年，通胀预期异质性得到了越来越多的关注，成为研究通胀和预期管理中的重点。Mankiw 等（2004）利用职业预测者、经济学家和消费者人群的通胀预期调查数据研究了异质性预期问题，发现即便是同一类人群的预期也存在不一致性。在低通胀阶段，预期的差异性较低，而在高通胀阶段，预期的差异性较大。Carroll（2005）认为信息在人群中传播和更新缓慢，时间的延迟造成了预期粘性。专家预期较公众预期提前和准确，公众预期通常滞后和追随于专家预期。Pfajfar 和 Santoro（2010）在对密歇根大学调查研究中心所收集的房价波动数据分析中，发现通胀预期的异质性是普遍存在的现象，认为在通胀预期形成潜在机制中存在三个不同的分布区域，各区域的分布对应不同的机制。左侧区域表现为静态或高度自回归，中间区域近乎理性，而右侧区域体现出自适应和粘性。国内对通胀预期的异质性研究主要有：

肖争艳和陈彦斌（2004）研究中国居民通货膨胀预期的异质性，消费者根据储蓄动机被分为五类群体，各群体的通货膨胀预期存在稳定的异质性。肖本华（2012）基于锚定理论研究了我国农村与城市居民的通胀预期异质性。孙音（2012）认为普通储户的预期较银行家、企业家反应相对滞后，波动更剧烈，更具通胀惯性且影响程度大。程均丽和李雪（2013）认为央行应重视异质预期，以减少因预期异质造成通胀粘滞而加重反通胀的经济成本。

（一）通胀预期异质性的实证分析

获取通胀预期一般有两种方法：一是采用市场调查，通过调查获得人们的通胀预期值；二是采用计量方法，通过利息率等来测算出通胀预期。显然，前一种方法相对真实有效，但是存在数据收集整理的诸多困难，并非所有的国家（或经济体）都调查了人们的通胀预期。得益于路透社 Datastream 数据库强大的数据收集能力，研究中获得了五个国家的通胀预期调查数据，分别为南非、澳大利亚、美国、德国和瑞典的通胀预期值。① 其中，南非的通胀预期分类数据最为详尽，故预期的异质性研究将主要采用南非的数据，其他国家的通胀预期数据将主要用于分析预期的波动特征上。

1. 不同人群分类的通胀预期异质描述

（1）企业代表、工会代表与金融分析师。

图 3-5 显示，相对企业代表（BUS）和工会代表（TUREP）的通胀预期，金融分析师（FIN）的通胀预期表现出波动性更大、更为提前和趋势更为明显的特点。波动性更大说明金融分析师对通胀更为敏感；更为提前说明金融分析师对信息的把握更为充分和反应更为积极，能关注到市场变化的关键时点；趋势更为明显则表明了金融分析师的反应更激烈，预期决定一旦做出毫不迟疑。相比之下，企业代表和工会代表的通胀预期值较为接近，但工会代表的通胀预期总是比企业代表的通胀预期表现出更多的滞后。

---

① 感谢厦门大学杜朝运教授、丁超博士在通胀预期数据查询、收集等工作上所提供的帮助。

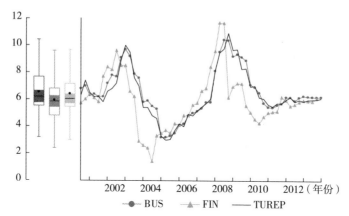

图3-5　企业代表、工会代表与金融分析师的通胀预期

（2）高、中、低收入人群。

图3-6显示，高（HIGH）、中（HIGHER MID 和 LOWER MID）、低（LOW）不同收入人群在价格水平变动中的反应和预期不一样，表现出高收入者预期的通胀会高，低收入者预期的通胀会低。这应该与他们在不同收入下的消费倾向差异有关。高收入者的消费商品中价高者占多，收入低者的消费商品中价低者占多，这样在同时面临市场价格波动时，高收入者的预期高于低收入者的预期是很自然的事情。此外，在2003年之前，不同收入人群的通胀预期差异水平较大，而在2003年之后，不同收入人群的通胀预期值都较为接近。

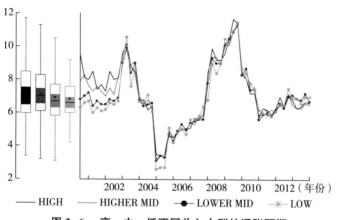

图3-6　高、中、低不同收入人群的通胀预期

（3）不同性别人群。

图 3-7 显示，男性（MALE）和女性（FEMALE）在预期波动表现中较为一致，但是仔细比较后还是会发现男女的预期倾向会有差异，女性的预期波动幅度更大，尤其是市场价格波动较大的时期。这可能与男性和女性在面对事物判断时，男性表现出更为理性，而女性表现出更为感性的特征有关，也可能与受教育程度有关，因为男性通常可以获得更多的教育机会。

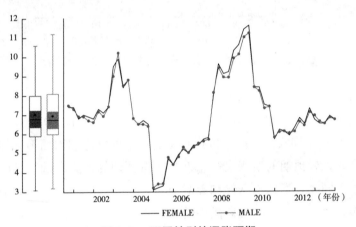

图 3-7　不同性别的通胀预期

（4）不同肤色人群。

图 3-8 显示，在不同肤色的人群分类中，黑人（BLACKS）的通胀预期水平较低，波动的幅度较小。而有色人（COLOUREDS）、白人（WHITES）和印第安人（INDIANS）的通胀预期较为一致，其中印第安人群的通胀预期相对会更平稳一些，而白人和有色人的通胀预期波动较大。

（5）不同年龄段人群。

图 3-9 显示，不同年龄段的预期较为一致，但也存在明显的异质现象。主要特征是随着年龄的不断增加，通胀预期波动幅度不断扩大，通胀预期倾向也越发明显。其中，16~24 岁人群的通胀预期整体水平较低波动也较为平稳，50 岁以上人群的通胀预期整体水平最高波动幅度最大。这样的通胀预期表现应该与不同年龄段的经济体验和经济阅

历有关，或许随着经济体验和阅历的增加，人们会不约而同地选择提高通胀预期来增强抗通胀能力，增加经济福利。

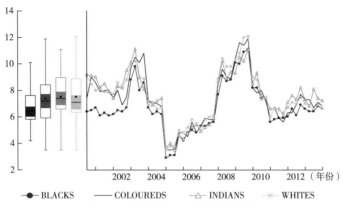

● BLACKS ── COLOUREDS △ INDIANS ※ WHITES

图 3-8 不同肤色人群的通胀预期

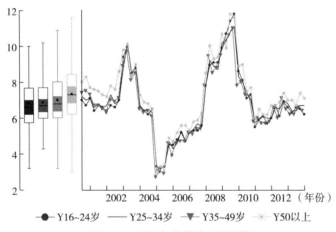

●─ Y16~24岁 ── Y25~34岁 ▼─ Y35~49岁 ※ Y50以上

图 3-9 不同年龄段的通胀预期

（6）不同区域城市。

图 3-10 显示，不同城市家庭的通胀预期波动基本一致。在市场价格波动较为激烈的时期，其他都市家庭（OTHER URBNA）的通胀预期表现出比大都市家庭（METRO）更为强烈的波动趋势。这可能与大都市所在区域的经济资源较为丰富、商品品种和数量都较为充足有关，也可能与大都市家庭所受教育程度较高、收入水平较为稳定和信息收

集分析的成本较低等因素有关。

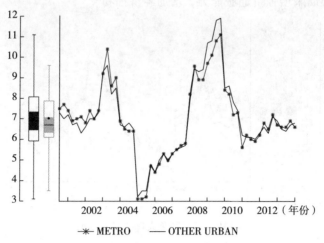

图 3-10　大都市与其他都市家庭的通胀预期

2. 通胀预期异质性的数理分析

（1）误差性能分析。

使用 MAE、RMSE 和 TUI 三种预测性能指标比较各人群通胀预期值的偏差。MAE 表示预测的绝对误差 $MAE = \sum_{t=1}^{T} |X_t - X_t^e| / T$，RMSE 表示预测的均方误差 $RMSE = \sqrt{\sum_{t=1}^{T} (X_t - X_t^e)^2 / T}$，TUI 表示真实通胀 $TUI = \sqrt{\sum_{t=1}^{T} (X_t - X_t^e)^2 / \sum_{t=1}^{T} (X_t)^2} X_t$，$X_t^e$ 表示不同人群的通胀预期，如表 3-1 所示。

表 3-1　不同人群的通胀预测性能以及预测误差零均值检验

序号	调查人群	MAE	RMSE	TUI	预测误差=0 检验，P 值
1	商业代表	1.57	2.19	0.34	0.018
2	工会代表	1.53	2.09	0.33	0.049
3	金融分析师	1.12	1.53	0.24	0.725
4	家庭（大都市）	2.07	2.82	0.44	0.002

续表

序号	调查人群	MAE	RMSE	TUI	预测误差=0检验，P值
5	家庭（其他都市）	2.12	2.88	0.45	0.002
6	高收入人群	2.16	2.83	0.44	0.000
7	中等偏上收入人群	2.09	2.84	0.44	0.001
8	中等偏下收入人群	2.10	2.87	0.45	0.005
9	低收入人群	2.18	2.92	0.45	0.013
10	女性	2.22	3.01	0.47	0.010
11	男性	2.19	2.97	0.46	0.015
12	黑人	2.04	2.79	0.43	0.025
13	有色人	2.40	3.20	0.50	0.000
14	印第安人	2.39	3.00	0.47	0.000
15	白人	2.29	2.98	0.46	0.000
16	16~24 岁	2.07	2.85	0.44	0.010
17	25~34 岁	2.06	2.81	0.44	0.007
18	35~49 岁	2.10	2.84	0.44	0.002
19	50 岁以上	2.20	2.93	0.46	0.000

从预测误差水平来看，各人群的预测误差相对较好的是金融分析师、黑人、男性、25~34 岁、中等偏上收入人群、家庭（大都市）。之所以会有这样的预测效果差异，主要与被调查对象的专业能力、信息成本、知识水平、人格品性和生活环境有关。例如：金融分析师的专业素养和信息收集分析能力显然要高于企业代表和工会代表。金融分析师的这个优势在所有人群分类中也是最好的，所以金融分析师的预测值必然会明显优于其他人群预测值。男性更为理性和沉稳；25~34 岁信息收集处理能力强；中高收入人群易受到较好教育；大都市家庭有丰富资源、信息源更广泛和文化素质更高都是造成这部分人群在通胀预期水平上有明显高于其他分类人群的优势。

各人群的通胀预期误差零均值 Hypothesis 检验结果如表 3-1 所示。大部分人群的通胀预期误差均不满足均值为零的统计检验，只有金融分析师的预期满足，这说明从长期来看人们的预测明显有偏即非理性。金融分析师的预测误差异于其他人群的预期误差，这再次说明对市场的了解程度和专业技术水平能提高其预测能力，这就是所谓的专家预测。仔细比对预测误差均值显著异于零的情况，发现都存在预测误差 $e_t<0$ 的现象，这说明通胀预期值均明显高于实际通胀值。什么原因让人们的通胀预期值表现为高估呢？显然，高估通胀预期能提高决策者的预期收益水平。

（2）因果关系分析。

为分析不同人群的通胀预期与实际通胀的因果关系，将通胀预期换算为以1994年6月为基期＝100的通胀预期值，季节调整后取对数并差分，均为平稳时间序列，其平稳性的单位根检验见表3-2。

表3-2　实际通胀与各人群通胀预期单位根检验

序号	人群分类或 CPI	P 值	序号	人群分类或 CPI	P 值
1	商业代表	0.008	11	男性	0.003
2	工会代表	0.032	12	黑人	0.012
3	金融分析师	0.000	13	有色人	0.001
4	家庭（大都市）	0.003	14	印第安人	0.001
5	家庭（其他都市）	0.002	15	白人	0.003
6	高收入人群	0.003	16	16~24 岁	0.004
7	中等偏上收入人群	0.001	17	25~34 岁	0.002
8	中等偏下收入人群	0.001	18	35~49 岁	0.001
9	低收入人群	0.014	19	50 岁以上	0.019
10	女性	0.002	20	CPI	0.045

采用 Eviews 7 分析实际通胀与各人群通胀预期因果关系，结果如附录 B 所示。在滞后 2 阶及更多到 5 阶的情况下：实际通胀是所有人群通胀预期的 Granger 因，而所有人群通胀预期都不构成实际通胀的 Granger 因。但是，在滞后 4、5 阶时，商业代表、工会代表和金融分析师是实际通胀的 Granger 因。对此唯一的解释是商业代表、工会代表和金融分析师既是价格的接受者又可以是价格的指导者或设定者，显然这很有可能。

3. 通胀预期异质性的面板分析

面板数据分析能同时从时间和截面两个维度刻画数据的本质特征和差异，已被广泛运用到经济分析的诸多领域。研究中将利用面板数据方法来分析各人群通胀预期的异质特征。

建立固定影响的变系数模型（3-1），如表3-3所示，进一步分析描述各人群通胀预期的差异性。

$$CPI^e = 0.005 + \delta + \beta \times CPI \tag{3-1}$$

$$T[7.384]$$

表3-3 各机构预测的固定影响的变系数模型

序号	人群	β 系数	T 值	δ 固定影响
1	商业代表	0.701	3.568	-0.001
2	工会代表	0.789	4.017	-0.002
3	金融分析师	0.836	4.255	-0.003
4	家庭（大都市）	0.583	2.967	0.001
5	家庭（其他都市）	0.607	3.093	0.000
6	高收入人群	0.570	2.904	0.001
7	中等偏上收入人群	0.598	3.043	0.000
8	中等偏下收入人群	0.603	3.068	0.000
9	低收入人群	0.600	3.053	0.001
10	女性	0.603	3.072	0.000
11	男性	0.585	2.978	0.001
12	黑人	0.573	2.917	0.001
13	有色人	0.636	3.237	0.000
14	印第安人	0.643	3.274	0.000
15	白人	0.612	3.117	0.000
16	16~24 岁	0.631	3.215	0.000
17	25~34 岁	0.574	2.925	0.001
18	35~49 岁	0.617	3.139	0.000
19	50 岁以上	0.578	2.940	0.001

根据模型（3-1），首先分析实际通胀对各人群的影响系数，发现金融分析师的 β 系数最大为 0.836，高收入人群的 β 系数最小为 0.570。这说明对通胀数据的关注程度，金融分析师较高而高收入人群较低。导致关注程度具有明显差异的主要原因是，金融分析师因为专业要求显然尤其需要关注实际通胀变动，而高收入人群对实际通胀变动不关注也很合情理，价格不是其主要关注对象。商业代表、工会代表与金融分析师通胀预期固定影响值为负，固定预期增加值较小。其他人群分析的固定预期增加值大于 0，说明了这些人群的思维倾向于多增加通胀预期。

二、通胀预期的不确定性

李拉亚的粘性预期理论认为预期的不确定性来自未来信息的不完备，但不包括经济人心理活动的随意性（粘性预期理论的这一假设与本书研究不相矛盾，因为个体的心理活动存在随意性，而群体心理活动存在反应客观事实的决定意识）。不确定性在数学模型上表现为异方差现象，时间序列存在异方差时就认为存在不确定性。

为方便捕捉到时间序列中的不确定因子，本书选择了澳大利亚、德国、美国、瑞典四个国家消费者的通胀预期来分析。这些数据都通过了时间序列的平稳性检验，如表 3-4 所示。

表 3-4　有关国家的通胀预期平稳性 ADF 检验

序号	通胀预期序列	t 值	P 值
1	澳大利亚通胀预期	−3.580	0.007
2	德国通胀预期	−3.992	0.010
3	美国通胀预期	−4.578	0.000
4	瑞典通胀预期	−2.746	0.068

通过观察自相关图，并按照 AIC 准则，认为应该建立自回归模型，如表 3-5 所示。

表 3-5　有关国家的通胀预期自回归方程

序号	通胀预期序列	自回归方程						残差异方差性	
		AR (1)	P 值	AR (2)	P 值	AR (3)	P 值	有/无	LM 检验 P 值
1	澳大利亚通胀预期	0.735	0.000	—	—	0.260	0.000	有	0.003
2	德国通胀预期	0.964	0.000	—	—	—	—	有	0.011
3	美国通胀预期	0.993	0.000	—	—	—	—	—	0.163
4	瑞典通胀预期	1.128	0.000	-0.156	0.016			有	0.000

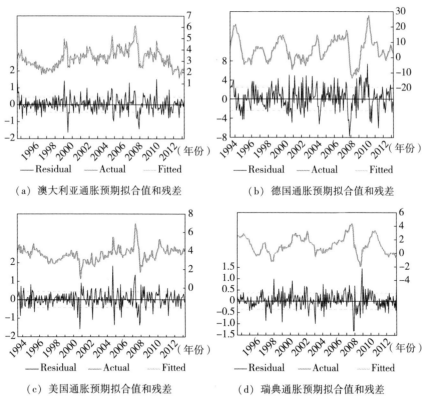

（a）澳大利亚通胀预期拟合值和残差　　（b）德国通胀预期拟合值和残差

（c）美国通胀预期拟合值和残差　　（d）瑞典通胀预期拟合值和残差

图 3-11　各国的通胀预期拟合值和残差

　　通过观察图 3-11 的通胀预期拟合值和残差波动情况，结合表 3-5 的残差异方差 LM 检验值（其中，美国的 P 值较大，但图形分析仍存在明显集束波动现象），在各国通胀预期的自回归模型基础上建立 GARCH 模型，描述其存在的异方差。采用 AIC 准则经过多次比较认为可相应建立 EGARCH、TGARCH 模型，如表 3-6 所示。

表 3-6　相关国家的通胀预期 GARCH 模型

通胀预期序列	模型	变量	系数	P 值
德国通胀预期	均值方程	AR（1）	0.977	0.000
	TGARCH 方程	截距	5.811	0.000
		$\hat{u}_{t-1}^{\ 2}$	-0.113	0.000
		$\hat{u}_{t-1}^{\ 2}$，（$\hat{u}_{t-1} < 0$）	0.367	0.027
澳大利亚通胀预期	均值方程	AR（1）	0.675	0.000
		AR（3）	0.323	0.000
	EGARCH 方程	截距	-1.433	0.000
		$\left\| \dfrac{u_{t-1}}{\sigma_{t-1}} \right\|$	0.514	0.001
		$\left(\dfrac{\hat{u}_{t-1}}{\hat{\sigma}_{t-1}} \right)$	-0.167	0.053
		$\mathrm{Ln}\,(\hat{\sigma}_{t-1}^{\ 2})$	0.376	0.038
美国通胀预期	均值方程	AR（1）	0.997	0.000
	TGARCH 方程	截距	0.386	0.000
		$\hat{u}_{t-1}^{\ 2}$	0.018	0.000
		$\hat{u}_{t-1}^{\ 2}$，（$\hat{u}_{t-1} < 0$）	0.033	0.000
		$\mathrm{Ln}\,(\hat{\sigma}_{t-1}^{\ 2})$	-1.030	0.000
瑞典通胀预期	均值方程	AR（1）	0.895	0.000
	TGARCH 方程	截距	0.255	0.000
		$\hat{u}_{t-1}^{\ 2}$，（$\hat{u}_{t-1} < 0$）	0.075	0.000
		$\hat{\sigma}_{t-1}^{\ 2}$	-1.010	0.000

通过以上的实证分析，发现德国、瑞典、澳大利亚和美国的通胀预期均表现出存在异方差现象。参照 AIC 准则，建立 GARCH 模型以描述其序列中的异方差特点，在具体设立模型中发现其中包含着不对称的性质。时间序列方差中包含着不对称性，这在金融时间数据中较为常见。不同性质的金融信息对市场和人群产生的影响不一样，由于人们心理行为的原因会产生非线性的差异。这些国家的通胀预期所表现出的异方差可从残差的集束波动中看出。仔细观察这些集束波动图形，通胀预期出现显著异方差的时间一般都是经济波动较大的时期，如 2007 年的金融危机时期均出现了较大异方差。

在表 3-6 中，德国、美国和瑞典的通胀预期均建立 TGARCH 模型。TGARCH 模型或称为门限 ARCH，其模型中的条件方差被设为：

$$\sigma_t^2 = \omega + \alpha \cdot \hat{u}_{t-1}^{\ 2} + \gamma \cdot \hat{u}_{t-1}^{\ 2} I_{t-1}^- + \beta \cdot \sigma_{t-1}^2 \qquad (3-2)$$

其中，I_{t-1}^- 是虚拟变量，在 $\hat{u}_{t-1} < 0$，$I_{t-1}^- = 1$，否则 $I_{t-1}^- = 0$，所以这样就存在一个非对称相应项 $\gamma \cdot \hat{u}_{t-1}^{\ 2} I_{t-1}^-$，它随着 $\hat{u}_{t-1}$ 大于或小于零的过程中发挥着或有或无的作用。

根据表 3-6 建模结果，当 $\hat{u}_{t-1} > 0$，即当期通胀预期高于上一期的通胀预期估值时 $I_{t-1}^- = 0$，德国、美国和瑞典通胀预期分别带来一个 -0.113、0.018 和 0 的冲击，其中，瑞典预期高估对预期方差没有影响。而当 $\hat{u}_{t-1} < 0$，即当期通胀预期低于上一期的通胀预期估值时 $I_{t-1}^- = 1$，德国、美国和瑞典通胀预期分别带来一个 $0.254 [0.367 + (-0.113)]$、$0.051 [0.033 + 0.018]$、$0.075 [0.075 + 0]$ 的冲击。在当期通胀预期高于上一期时，不确定性减小了，在当期通胀预期低于上一期时，不确定性增加了。这些非对称的冲击中，德国、美国和瑞典都表现出当上一期通胀预期被低估后会主动提高未来通胀预期的幅度，即在 $\hat{u}_{t-1} < 0$ 时，非对称项的系数为正。

对于澳大利亚的通胀预期，建立的 EGARCH 模型。EGARCH 模型也是一种非对称的 GARCH 模型，它假设：

$$\ln(\sigma_t^2) = \omega + \alpha \left| \frac{u_{t-1}}{\sigma_{t-1}} \right| + \gamma \left(\frac{\hat{u}_{t-1}}{\hat{\sigma}_{t-1}} \right) + \beta \cdot \ln(\sigma_{t-1}^2) \qquad (3-3)$$

等式的左边为条件方差的对数，这说明杠杆影响将以指数的形式出现而不是二次。杠杆效应的存在通过 γ 来表现，只要 $\gamma \neq 0$，冲击的影响就存在非对称性。

对 EGARCH 方程的进一步分析发现澳大利亚通胀预期中存在冲击非对称效应。冲击非对称性允许波动率对物价上涨的反应比对物价下跌的反应更加迅速。当出现物价上涨消息时，$\hat{u}_{t-1} > 0$，该信息冲击对条件方差的对数有一个 $0.347[0.514+(-0.167)]$ 的冲击；当出现物价下降消息时，$\hat{u}_{t-1} < 0$，该信息冲击对条件方差的对数有一个 $0.681[0.514+(-0.167)\times(-1)]$ 的冲击。注意到均值方程中 $\ln(\hat{\sigma}_{t-1}^2)$ 的系数为负，所以以上信息的冲击都将转成正的通胀预期反应。EGARCH 模型很好地说明了澳大利亚的通胀预期对物价反应存在非对称性，即等量的物价上涨消息比等量的物价下降消息产生更大的正波动，显然居民将更倾向于物价是会上涨的。

对物价反应的非对称性正是预期粘性的表现。预期具有粘性，这是粘性预期理论的根本假设。

三、通胀预期的非线性

通胀预期是人们对未来经济形式的一种主观判断，其中肯定存在某种非线性特征。为了分析预期中所包含的非线性特征，选择 SETAR 模型来展开研究。SETAR 模型是一类 TAR 模型，其选取变量自身为其阈值变量，该模型在研究非线性问题上日益受到广泛的重视和使用。采用 R 软件和 tsDyn 工具包来建立 SETAR 模型。

(一) 非线性检验

首先检验预期是否确实存在非线性。BDS 检验是常用的非参数检验，在检验金融时间序列的非线性特征中已得到广泛应用。用Eviews7 的 BDS 检验非线性，结果如表 3-7 所示。从表 3-7 中可以看出各国的通胀预期均表现出一定的非线性特征，有必要建立非线性模型进一步描述其特征。

表 3-7　不同国家的通胀预期的 **BDS** 检验结果

名称	维数	BDS 值	P 值
澳大利亚	2	0.020	0.000
	3	0.031	0.000
	4	0.033	0.001
	5	0.030	0.005
	6	0.030	0.003
美国	2	0.015	0.010
	3	0.029	0.002
	4	0.041	0.000'
	5	0.046	0.000
	6	0.049	0.000
德国	2	0.013	0.002
	3	0.028	0.000
	4	0.033	0.000
	5	0.034	0.000
	6	0.031	0.000
瑞典	2	0.016	0.003
	3	0.026	0.002
	4	0.034	0.001
	5	0.035	0.001
	6	0.033	0.001

（二）SETAR 模型

对通胀预期，通常认为未来价格存在三种可能，即上涨、下跌和持平，故一个三机制（两个门限）的 SETAR 模型将更为贴切地反映通胀预期变化情况。一个三机制的 SETAR 模型，如式（3-4）所示。

$$X_{t+s} = \begin{cases} \phi_1 + \phi_{10}X_t + \phi_{11}X_{t-d} + \cdots + \phi_{1L}X_{t-(L-1)d} + \varepsilon_{t+s} & Z_t \leqslant th_1 \\ \phi_2 + \phi_{20}X_t + \phi_{21}X_{t-d} + \cdots + \phi_{2H}X_{t-(H-1)d} + \varepsilon_{t+s} & th_1 < Z_t \leqslant th_2 \\ \phi_3 + \phi_{30}X_t + \phi_{31}X_{t-d} + \cdots + \phi_{3K}X_{t-(K-1)d} + \varepsilon_{t+s} & Z_t > th_2 \end{cases}$$

$$(3-4)$$

其中：Z_t 是门限变量，th_1 和 th_2 是门限阈值。

首先建立存在两个门限的三机制 SETAR 模型。经过计算，格点搜索认为确实存在三机制 SETAR 模型，门限阈值结果因为各国家的数值不同而有所差异。根据格点搜索确定的门限值，建立相关国家通胀预期的 SETAR 模型，具体参数结果如表 3-8 所示。

表 3-8　不同国家通胀预期的 SETAR 模型

国别		估计值	标准差	t 值	P 值	机制类别	机制比例	门限值	AIC
澳大利亚	const L	0.552	0.310	1.781	0.076	低机制	43.88%	3.1; 3.6	-379
	lag1	0.499	0.151	3.298	0.001				
	lag2	0.312	0.107	2.922	0.004				
	const M	3.566	1.438	2.479	0.014	中机制	26.16%		
	lag1	-0.279	0.403	-0.692	0.490				
	lag2	0.238	0.133	1.785	0.076				
	const H	0.423	0.401	1.055	0.292	高机制	29.96%		
	lag1	0.854	0.095	8.979	0.000				
德国	const L	0.085	0.213	0.399	0.690	低机制	51.48%	5.5; 8.6	409
	phiL.1	1.042	0.088	11.840	0.000				
	phiL.2	-0.171	0.082	-2.080	0.039				
	const M	5.898	3.130	1.885	0.061	中机制	15.61%		
	phiM.1	0.761	0.436	1.746	0.082				
	phiM.2	-0.638	0.201	-3.167	0.002				
	const H	1.956	0.933	2.096	0.037	高机制	32.91%		
	phiH.1	1.186	0.116	10.240	0.000				
	phiH.2	-0.350	0.110	-3.193	0.002				

续表

国别		估计值	标准差	t 值	P 值	机制类别	机制比例	门限值	AIC
美国	const L	1.227	0.373	3.290	0.001	低机制	24.05%	3.1；4.1	−427
	phiL.1	0.845	0.150	5.632	0.000				
	phiL.2	−0.254	0.115	−2.206	0.028				
	const M	0.779	0.455	1.711	0.088	中机制	55.70%		
	phiM.1	0.634	0.152	4.165	0.000				
	phiM.2	0.165	0.097	1.690	0.092				
	const H	0.611	0.442	1.383	0.168	高机制	20.25%		
	phiH.1	1.193	0.136	8.760	0.000				
	phiH.2	−0.386	0.119	−3.228	0.001				
瑞典	const L	0.059	0.048	1.232	0.219	低机制	26.27%	0.3；1.9	−516
	phiL.1	1.011	0.142	7.112	0.000				
	phiL.2	0.080	0.162	0.496	0.621				
	phiL.3	−0.335	0.109	−3.068	0.002				
	const M	0.012	0.098	0.126	0.900	中机制	37.29%		
	phiM.1	0.808	0.126	6.428	0.000				
	phiM.2	0.131	0.089	1.461	0.145				
	const H	0.360	0.148	2.441	0.015	高机制	36.44%		
	phiH.1	1.446	0.113	12.838	0.000				
	phiH.2	−0.603	0.107	−5.608	0.000				

　　根据 SETAR 模型情况可以得到这样的结论，通胀预期波动变化确实存在非线性调整机制，是一个非线性生成过程。SETAR 模型显示通胀预期存在两个门限，将预期分为高、中、低三个不同的调整机制。由于各国在通胀预期调查的差异，具体的预期门限阈值并不相同。但有一个共同的特征是门限预期均大于零。以瑞典的通胀预期 SETAR 模型为例，通胀预期小于 0.3 属于低机制状态，介于 0.3～1.9 属于中机制状态，高于 1.9 属于高机制状态。通胀预期门限值的估计值并不以零通胀为对称性形式，明显右偏说明了通胀预期存在一个明显的上涨

隐基调，在此基础上才有了缓涨、高涨的调整体制。从不同机制所占的比重看，瑞典处于低、中、高机制状态的比例为 26.27%、37.29% 和 36.44%，说明处在中、高机制的时间较多。在其他几个国家的通胀预期低、中、高机制比例中，澳大利亚、德国处于低机制的比例最高，而美国处于高机制的比例最低。

四、预期特征的行为心理学解释

传统的经济学理论认为经济人"理性"和"自利"，诸多经济理论均是建立在"理性人"假设基础上。但经济人终归存在非理性，否则经济人的行为就会趋同而无差异。反思理性人假设的苛刻条件，对经济人非理性行为的研究逐渐深入，行为经济学快速发展。2002 年，美国普林斯顿大学的 Daniel Kahneman 教授和乔治梅森大学的 Vernon Smith 教授因为在"行为经济学"研究上的贡献①获得诺贝尔经济学奖。

行为经济学的理论硬核主要是——"有限理性人假设、可能追求利他行为和非理性行为、偏好和禀赋内生、学习过程和主观价值论等"。选择从行为经济学并通过其已有的研究成果来阐述人们的非理性行为，了解其产生的决定性心理原因和规律，这将为解释预期行为特征提供可靠的理论支持。

（一）前景理论

1979 年，Kahneman 和 Tversky 提出了关于风险决策的前景理论（Prospect Theory），并因此获 2002 年诺贝尔经济学奖。前景理论为分析经济人的非理性行为，尤其是在不确定情况下的人们判断和决策行为研究上做出贡献。前景理论也被翻译为"预期理论"，解释了在不同的风险条件下人们的行为倾向。

前景理论是一描述性范式的决策模型，它假设风险决策分为收集整理和评价决策两个过程。在收集整理阶段，信息收集处理会因个体

---

① "将心理学与经济学相结合，解释不确定条件下的决策过程"和"发展了经济学的实验研究方法"。

不同而产生差异，这会引起包括非理性行为和框架依赖效应。收集整理阶段就是对所提供的期望进行初步分析，得到一个更简化的表达形式。这阶段信息和框架差异影响了经济人的经济判断基础，直接导致了预期可能出现的个体差异（预期异质性）或决策时的情绪偏爱框架下的趋同性预期倾向（羊群效应等）。在评价决策阶段，个体将依赖自身价值函数和主观概率的权重对信息予以判断。价值函数由个体自身经验养成：面对风险时具有规避倾向，面对损失时又偏爱风险，对损失比获得更敏感。评价决策阶段就是对编辑过的期望进行估值，选出价值最高的期望。

Kahneman 的冰激凌实验①告诉我们：人的理性是有限的。决策时，人们并不是去计算物品的真正价值，而是用某种比较容易评价的线索来判断。根据前景理论对预期行为的解释：①信息收集能力的差异和框架偏好，说明面对同一问题经济人会有不同的选择。②大部分人受记忆和可利用信息的限制，往往以偏概全。直观推断价值函数与权数函数的非线性是造成偏好转移与决策不一致的根本性原因。这符合粘性预期理论的假设，经济人为降低信息处理成本，往往采用别人的预期或过去的信息等。③经济人对收益损失比获得收益更敏感，这可以解释股市上的"约瑟夫"效应，也从另一个侧面证明了预期存在异方差特征的行为来源。

（二）心理账户

1985 年，芝加哥大学行为科学家 Thaler 教授基于前景理论提出"心理账户"（Mental Accounting）概念，认为就像企业的资金分类账户那样，人的心理也存在账户分类。心理账户解释了人们做决策时违反一般运算规律的非理性行为。通常人们有两个账户分别是经济账户和心理账户，这两个账户都将影响人的决策行为。

---

①　Kahneman 曾做过一个冰激凌实验：有两杯冰激凌，一杯 7 盎司的，把它装在 5 盎司的杯子里，满得快要溢出来了；另一杯是 8 盎司，但是装在了 10 盎司的杯子里就显得还没装满。人们愿意为哪一杯冰激凌付更多的钱呢？平均来讲人们愿意花 2.26 美元买 7 盎司的冰激凌，却不愿意花 1.66 美元买 8 盎司的冰激凌。

在经济账户中只要绝对量相等就可以替代，此一块钱等于彼一块钱。但在心理账户同样一块钱给予不同权重，或等于或大于或小于一块钱，这取决于心理账户设定。这是一种潜在的心理决策依据，其记账方式与一般经济运算方式不同，故常以非预期的方式影响决策。心理账户现象的存在，让非理性选择强过了理性选择，解释了人们的非理性行为。心理账户被认为是一种认知幻觉，会使投资者失去对价格的理性关注，出现非理性投资行为。最为典型的经济现象就是"货币幻觉"。经济人在通货膨胀下产生的货币幻觉造成了财富增加的假象，导致经济人在消费投资方面的非理性行为。心理账户的另一个非理性现象是，处于不同心理账户的经济事物变动会引起经济人的非对称反应。例如，食品消费的心理账户与房产消费的心理账户肯定不同，人们对食品消费价格上升5%的反应较强，对房产价格上涨5%的反应较弱，因为在房产消费的心理账户被允许更大涨幅，所以同样是上涨5%反应却不一样。心理账户可以用于解释经济人的经济体验容易对其经济行为产生影响，经济人对生活消费必需品的价格波动反应敏感。房产与生活消费必需品不同，在心理账户中房产象征财富，当房价上涨时经济人感觉到自身财富增加了，自然反应不一样。另外，房产还是一种标志性商品，房价的上涨容易让经济人形成价格上涨的预期，导致其他商品价格上涨。

（三）锚定效应

锚定效应（Anchoring Effect）是一个心理学词汇，现在已经被经济学等其他学科借用解释某些粘滞现象。锚定效应是指人们在做定量评估预测时，常常会将某个或某些特定数值作为初始值，这个或这些初始值将制约影响其所做的定量评估预测，就像轮船的锚一样。锚定效应易受到显著信息的影响。显著信息有四个特征：一是注重外在特征而忽视内在本质，二是先验概念会有定式，三是同一概念不同时期不同理解，四是事物的类别联想（如工作想到辛苦）。

当信息进入大脑时，初始信息对大脑的刺激最强烈，大脑根据这些鲜明的信息进行工作，即便这一信息远未反映出整个事物特征，所以这导致认知偏差。初始信息形成的印象对人们行为的影响叫作"第一印象"。中国有句俗语："一朝被蛇咬，十年怕井绳"，这就是典型的锚定心理体现。先验概念存在也会影响经济人的行为出现锚定效应。对通胀预期时间序列的长记忆性分析，可以发现先验概念（初始信息）对经济人的后期的经济预期行为的影响。而通胀预期的异方差检验中，对相同单位的正负信息所表现出的不对称反应也集中体现了预期行为的锚定效应特征，正是这种锚定效应让经济人的预期行为存在粘性的特点。

（四）参照系与过度反应

参照系（Frame of Reference）原是一物理名词，如今被借用到其他诸多相关领域。社会生活中处处存在参照系作用，人们往往观察别人的行为作为自己行为选择的参照。其他人的行为选择显然不能改变自身行为的福利，但当参照后的心理感受就会不一样。就像你过马路时不会一个人去闯红灯，你不想同时冒着被撞和受罚的风险，但是当发现身边很多人正在闯红灯你就会跟着走过斑马线。这就是网络上提到的"中国式的过马路——凑足一拨人就可以闯红灯了"。将参照系的概念放到经济领域，可以观察到诸如房产市场上的抢购潮，经济泡沫形成，股市的追涨杀跌等非理性的经济现象。可见，人们决策时容易受到来自周边环境影响，相互间的影响形成了一个参照系，造成相互学习彼此强化，最终形成更大更强的参照系，导致人们行为决策的群体非理性。

过度反应（Overreaction）是指人们在决策过程中表现出加强心理判断从而导致个体反应过于激烈。过度反应增加了个体行为中的非理性情绪产生认知偏差，造成决策过程对有利信息过于敏感而对不利信息过于麻木，形成不同的决策权重导致决策非理性。在通胀预期异方差建模和图形观察中，都可见到非对称性反应现象，这都是过度反应的结果。过度反应可以出现在经济生活的各个方面，当环境或结果与经济人的初始判断相一致时会正向强化，反之将反向强化影响行为。例如，失败的投资行为将强化其悲观情绪，经济人对利空消息过于敏感对利好消息也反应迟钝。过度自信也是一种非理性行为表现，过度自信赋予自己以更多权重大于事实权重。人们对自己决策预期正确的时候更容易产生过度自信心理。具备一定专业技术的人员容易出现过度自信,如投资银行家、工程师和律师等。过度自信让经济人在决策过程中,过于在乎自身的信息处理,减少了对新信息的敏感度,最终导致了决策的非理性。

综上所述,行为经济学通过案例实验分析对预期行为有了更为深入和具体的研究,这些研究都印证了预期具有不确定性(粘性和突变性)、异质性和非线性的特点。在前景理论、锚定效应、心理账户、参照系和过度反应等心理效应的影响下,人们的预期行为还会表现出突变特点。预期突变是一种非线性的表现,其发生离不开经济人对经济事物规律把握、经验积累、知识增加和风险厌恶,当各方面信息积累到一定程度时,受某种因素的扰动,经济人的预期开始出现转变。诱发这种预期转变的因素,并不需要一定是重大信息,很细小的一件事情、不起眼的一个信息、无缘无故的一种担忧等也可能引发突变。这些细微变化扰动了经济人的预期神经,做出了非线性的突变决定。如果这种突变信息在群体中自我强化,信念维系的信息瀑布将造成群体一致行为的改变,对未来价格涨跌的多空力量瞬间失衡,市场在短时间内表现出相反的动向。经济预期突变的典型案例就是经济泡沫的破灭。

第三节　我国通胀预期的特征分析

近年来,诸多学者对我国通胀预期进行了研究。

肖争艳和陈彦斌(2004)利用央行《居民储蓄问卷调查系统》的定性数据研究了 1996~2003 年通货膨胀预期的长期性质和短期性质。肖争艳等(2005)研究中国居民通货膨胀预期的异质性,认为各群体的通货膨胀预期存在稳定的异质性。杨继生(2009)基于新凯恩斯混合菲利普斯曲线,考察我国通货膨胀预期的性质和流动性过剩对通货膨胀的影响。李颖等(2010)利用滚动构建 VAR 模型的方法进行样本外动态预测，估计得出粘性信息假设下的通货膨胀预期，并在此基础上建立非线性的 LSAR 模型刻画出通胀的非对称调整路径，发现当通胀预期超过某一特定门限值后对未来通胀的作用反而减小。陈涤非等（2011）通过建立 SVAR 模型对居民通胀预期的影响因素进行动态考察，认为居民通胀预期具有自我实现的性质，通胀经历、汇率波动、资产价格和国际油价对居民通胀预期的形成均有明显影响。张健华和常黎（2011）采用时变参数法估计了我国居民的预期通胀率，探讨了真实通胀率、产出缺口、房价、利率、汇率和国际油价等宏观经济因素对通货膨胀的影响，发现真实通胀率对通胀预期的影响最大。李昊和王少平（2011）基于结构菲利普斯曲线框架，采用最大熵自举的建模方法分析显示微观企业平均三个季度调整一次价格，季度数据并不支持存在通货膨胀粘性假设，企业在定价过程中理性预期作用强于适应性预期。以上研究通胀预期主要从宏观角度入手，利用货币供应量、产出缺口、汇率等变量建立模型来描述经济人的通胀预期变化。虽然宏观经济是引发经济人行为决策的基础，但是从宏观经济到经济人行为决策存在心理反应这一主观非线性映射，直接用宏观经济变量来解释通胀预期变化仅是研究的一方面。

通胀预期是居民对未来通胀水平的一种经济体验的主观心理反应，其形成依赖于居民收入水平、物价感受和政策理解等因素的影响。以粘性预期理论为基础，从居民经济体验角度来实证分析通胀预期中所存在的不确定性，研究不同心理感受对通胀预期的影响，这为理解通胀预期和通胀预期管理提供实证支持。

一、数据选择与分析

选取央行公布的《城镇居民储户问卷调查报告》季度统计数据（1999 年第 4 季度至 2012 年第 4 季度）的未来物价预期指数 FP，指数变化区间在 [0，100]。FP 指数等于 50 时，意味着居民预期未来物价与上期一致，当 FP 指数大于 50 时，指数越大说明居民认为未来物价上涨幅度越大，反之亦然。描述实际通胀水平的指标采用以 1990 年 1

月为基期,并将月度环比数据处理为季度环比数据的居民消费品价格指数 CPI[①]。实证分析时数据均取对数并采用 X12 季节调整方法去除季节影响。

图 3-12 (a) 的是从 1999 年第 4 季度到 2012 年第 4 季度,未来物价预期指数 FP 的变化情况。自 1999 年第 4 季度以来,未来物价预期指数 FP 均高于 50,最低值出现在 2008 年第 4 季度为 50.66,最高值出现在 2011 年第 1 季度为 78.11,历史均值为 64.20。在 2003 年、2008 年和 2011 年,未来物价预期指数 FP 均出现较大波动,其余年份波动基本平稳。从图 3-12可以看出物价预期指数与通胀水平的存在波动相关。

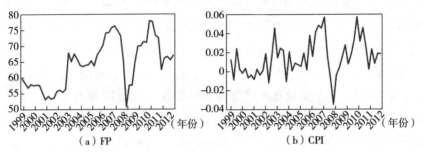

(a) FP   (b) CPI

图 3-12　1999~2012 年 FP 的走势与 CPI 变化的走势

二、通胀与通胀预期关系

李拉亚 (1995) 在《通货膨胀与不确定性》中指出预期是诱导通胀的重要因素。在通胀初期,预期粘性缓冲了货币增长对物价增长的冲击,市场将出现经济繁荣、物价稳定和收入增加的局面。当通胀发展一段时间后,预期会粘在较高水平并阻止通胀下降,市场出现经济萎缩、物价持续上涨的滞胀现象。当经济进一步衰退到谷底时,预期降到低点将出现预期陷阱效应。此时市场疲软,多投入的货币被预期陷阱吸收,经济人倾向增加储蓄持币待购。

采用 Granger 因果关系检验方法对通胀预期和实际通胀水平进行分

---

① 参见中经网。

析。从表 3-9 中可以看出，通胀预期与实际通胀水平存在 Granger 因果关系。在滞后 1~2 期，通胀预期对实际通胀水平有单向的 Granger 因果关系，在滞后 4~6 期，实际通胀水平对通胀预期有单向的 Granger 因果关系。

表 3-9　通胀预期与实际通胀水平的 Granger 因果检验

滞后期	原假设	P 值	判断
1	通胀预期不是实际通胀水平的 Granger 因	0.001	拒绝
	实际通胀水平不是通胀预期的 Granger 因	0.898	接受
2	通胀预期不是实际通胀水平的 Granger 因	0.057	拒绝
	实际通胀水平不是通胀预期的 Granger 因	0.530	接受
3	通胀预期不是实际通胀水平的 Granger 因	0.190	接受
	实际通胀水平不是通胀预期的 Granger 因	0.118	接受
4	通胀预期不是实际通胀水平的 Granger 因	0.280	接受
	实际通胀水平不是通胀预期的 Granger 因	0.020	拒绝
5	通胀预期不是实际通胀水平的 Granger 因	0.302	接受
	实际通胀水平不是通胀预期的 Granger 因	0.006	拒绝
6	通胀预期不是实际通胀水平的 Granger 因	0.182	接受
	实际通胀水平不是通胀预期的 Granger 因	0.017	拒绝

如果将滞后 4~6 期视为长期，则实际通胀水平对通胀预期具有单向的 Granger 因果关系，说明实际通胀水平决定了居民对通胀的预期，长期中预期由实际通胀水平所决定。

三、通胀预期的不确定性

（一）通胀预期的 EGARCH 模型

由于 FP 为一阶差分平稳时间序列，观察 FP 的自相关情况，建立 FP 的自回归模型，检验模型的残差发现存在异方差。故在其自回归模型基础上建立 GARCH 模型，描述存在的异方差。采用 AIC 准则经过多次比较，认为应该建立 EGARCH 模型，如表 3-10 所示。

表 3-10　未来物价预期指数的 EGARCH 模型

模型	变量	系数	Z 值
均值方程	AR (4)	-0.381	-30.074
	AR (8)	-0.614	-16.545
	AR (9)	-0.313	-11.342
	$\hat{\sigma}_t$	-0.0003	-9.365
EGARCH 方程	截距	-4.199	-1.96E+08
	$\left(\dfrac{\hat{u}_{t-1}}{\hat{\sigma}_{t-1}}\right)$	-0.481	-3.300
	$\left\lvert\dfrac{u_{t-1}}{\sigma_{t-1}}\right\rvert$	-2.414	-21.134
	$n\left(\hat{\sigma}_{t-1}{}^2\right)$	-1.314	-6.315
R^2		0.213	
DW		2.261	

(二) 通胀预期不确定性、粘性、突变性

1. 不确定性

粘性预期理论认为预期的不确定性来自未来信息的不完备，但不包括经济人心理活动的随意性（粘性预期理论的这一假设与本书研究不相矛盾，因为个体的心理活动存在随意性，而群体心理活动存在反应客观事实的决定意识）。不确定性在数学模型上表现为异方差现象，当一时间序列存在异方差时就认为存在不确定性。

EGARCH-M 模型显示 FP 自回归模型中存在异方差，可见居民对未来物价预期存在不确定性。图 3-13 是 EGARCH-M 模型的条件异方差图，为方便比较，图中也给出了月度的 CPI 条件异方差。可以看出，居民未来物价预期指数存在三个阶段的大波动时期。在 2003～2004 年，居民未来物价预期指数表现出较大的波动，这与当时实际通胀水平开始出现大幅度上涨有关。2008 年全球金融危机爆发，宏观经济环境不

稳定增加了市场不确定性，资本价格泡沫的膨胀和破灭，居民通胀预期出现大幅波动。2011 年前，世界经济仍然处在金融危机的波动中，实体经济发展动力不足，大量热钱涌入中国，人民币汇率屡创新高，央行连续多次提高存款准备金率并创出新高，此时居民的通胀预期的波动性增强。

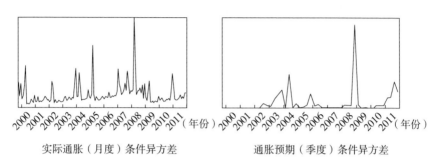

实际通胀（月度）条件异方差   通胀预期（季度）条件异方差

图 3-13   CPI（月度）和 FP（季度）的条件异方差对比

2. 粘性

从 EGARCH 模型可以发现通胀预期粘性特征。对 EGARCH 方程的进一步分析发现通胀预期中存在冲击非对称效应。冲击非对称性允许波动率对物价上涨的反应比对物价下跌的反应更加迅速。当出现物价上涨消息时，$\hat{u}_{t-1} > 0$，该信息冲击对条件方差的对数有一个 -2.895 $[-0.481 +(-2.414)]$ 的冲击；当出现物价下降消息时，$\hat{u}_{t-1} < 0$，该信息冲击对条件方差的对数有一个 -1.933 $[-0.481 +(2.414)]$ 的冲击。注意到均值方程中 $\ln(\hat{\sigma}_t^2)$ 的系数为负，所以以上信息的冲击都将转成正的通胀预期反应。FP 的 EGARCH 模型很好地说明了居民对物价反应存在非对称性，即等量的物价上涨消息比等量的物价下降消息产生更大的正波动，显然居民将更倾向于物价会上涨。

这种对物价反应的非对称性正是预期粘性的表现。预期具有粘性，这是粘性预期理论的根本假设。

3. 突变性

信息严重不足时，经济人会维持原有预期不变，这时预期呈现粘性，或经济人也可能急剧调整预期，这时预期又呈现突变性。

图 3-14 是差分后的未来物价预期指数 FP 与居民消费品价格指数 CPI。图 3-14 中显示 FP 和 CPI 存在一定的波动相似性。认真观察可以发现 FP 分别在 2003 年第 4 季度达到正的最高值和在 2008 年第 4 季度到达负的最低值。2008 年第 4 季度到 2009 年第 1 季度是未来物价预期指数波动幅度最大的一段时期（与图 3-13 相对应），说明在这时期宏观经济变化对居民心理预期产生了巨大的变化。仔细观察还可以发现在 2004 年以后，CPI 不断上升并在 2007 年第 1 季度达到最高值，而 FP 的最高值却是出现在 2006 年第 1 季度，在 2008 年第 1 季度时 FP 已经处于下降调整中。2009 年第 1 季度后 FP 处于下降通道中，而 CPI 表现出处于上升通道中。

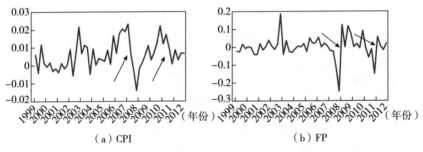

（a）CPI   （b）FP

图 3-14   1999~2012 年 CPI 变化和 FP 变化的情况

通胀预期较实际通胀提前进入调整，不再跟粘于实际通胀的变化趋势，这说明预期不但存在粘性也存在突变性。在肖争艳和陈彦斌（2004）的文献中有关通胀预期与实际通胀的图形分析中，同样可以观察到这种预期提前变化的现象（文献利用统计调查数据，采用概率法计算居民对未来的通胀预期）。

四、通胀预期的空间异质

我国地大物博人口众多，不同地域的经济发展存在差异造成货币政策在宽广的地域空间传导上呈现时滞和差异，加之各省份的财政政策和地方发展计划的不同，各地区的通胀情况各不相同，通胀预期也将不同。除了央行货币政策空间传导的差异性外，地域人文特质和经济发展差异都将引起通胀预期空间差异。

以 2001 年的物价为基期 = 100，经过 20 年的经济发展，各省份的通胀程度有很大差异（香港、澳门和台湾的数据缺乏，未纳入分析）。据分析，整个东部沿海省份除北京、上海和天津以外通胀水平在平均值以下，在全国属于较低水平。而中西部地区的通胀水平在全国属于较高水平，表现为越是西部地区越容易出现高通胀。

如何来解释这种通胀空间异质特征呢？由于国内区域发展不平衡性，可以考虑如下解释：

第一，东部经济发达地区，经济发达商品流通性好。我国经济较为发达的地区主要在东部沿海地区，东部沿海地区的通货膨胀比率较低。商品经济较为发达的地区，商品流通速度快，价格配置合理，价格水平稳定，这些对通胀都有很好的抵抗性。当然，随着国民经济的发展，我国中西部地区的商品经济水平不断地提高，这种区域差异原因将不会成为影响我国通胀空间差异的主要原因。

第二，货币政策的空间传导差异。货币政策的空间传导差异是指在制定和执行统一的货币政策时，由于区域间金融水平差异造成的货币政策传导的差异，导致了通货膨胀的空间差异。汪增群（2011）认为由于在总量、结构和效率的金融区域发展差异，我国货币政策呈现出区域非对称性效应，"从整个金融体系来看，东部地区在金融机构的多样化水平和金融市场的发达程度等方面都要显著地高于中西部地区"①。在经济发达地区金融发展水平较高，信贷渠道丰富，资金的流动性好金融效率高，该地区对货币政策的反应将较为积极和强烈。假设央行采用降息或是降准工具释放出 1% 流动性，那么全国各地区的释放比例都是相同的 1%。但是，由于区域金融水平差异，在总量、结构和效率上出现空间传导异质，导致区域金融水平较高的地区流通性好，不易造成区域货币堆积导致通胀压力增加，加之商品经济发达，所以该地区的抗通胀能力较好。

① 汪增群. 中国货币政策区域非对称性效应 [M]. 北京：社会科学文献出版社，2011：122.

第三，财政政策空间差异。财政政策是引发通胀空间异质的关键性原因。在改革开放初期，将东部沿海地区作为主要的经济开发地区加以引导和促进，资金在东部沿海地区聚集，货币聚集带来早期东部沿海地区的通胀压力，当时东部沿海地区的通胀水平相比全国增长较快。至 2000 年，国家启动中西部大开发计划①后，政策的倾斜造成大量的资金汇集到中西部地区，加之交通较不通畅，物流速度低，不可避免地会引发地区性的通胀。图 3-15 是我国各省份 2002~2020 年地方财政支出与财政收入比的平均值，其中东部地区 12 省份均值为 1.595，中部地区 9 省份均值为 2.425，西部地区 10 省份均值为 4.082，见表 3-11。这与上文提到的通胀分异情况相互吻合，说明财政政策是引发我国通胀空间异质的关键性原因。

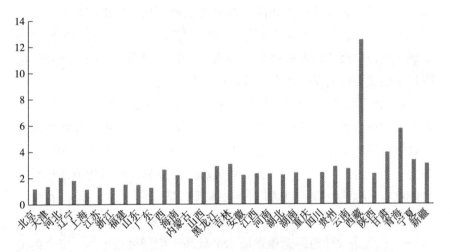

图 3-15　2002~2020 年各省份地方财政支出与财政收入比的平均值

---

① 2000 年 1 月，国务院召开西部地区开发会议，研究部署西部地区发展思路和战略任务。2006 年 12 月，国务院审议通过《西部大开发"十一五"规划》，惠及重庆、四川、贵州、云南、西藏、陕西、甘肃、青海、宁夏、新疆、内蒙古、广西等 12 个省、自治区和直辖市。

表 3-11　2002~2020 年各省份地方财政支出与财政收入比的平均值

东部地区		中部地区		西部地区	
北京	1.183	山西	1.936	重庆	1.915
天津	1.354	内蒙古	2.441	四川	2.404
河北	2.040	吉林	2.895	贵州	2.871
辽宁	1.809	黑龙江	3.058	云南	2.698
上海	1.139	安徽	2.222	西藏	12.528
江苏	1.275	江西	2.334	陕西	2.316
浙江	1.266	河南	2.314	甘肃	3.933
福建	1.500	湖北	2.234	青海	5.737
山东	1.476	湖南	2.392	宁夏	3.343
广东	1.249			新疆	3.078
广西	2.642				
海南	2.210				
均值	1.595		2.425		4.082

　　通货膨胀的空间差异必然导致通胀预期的差异。考虑到通胀会影响通胀预期,预期又会反作用于通胀。由于地域的局限,经济人在不断的经济体验中将因为通胀的地域差异形成不同的通胀预期,这种带有区域特性的通胀预期反作用于区域通胀并相互影响,最终导致区域通胀预期差异。

　　结合表 3-12 和图 3-16,可以观察到在 2002~2007 年我国各省份通胀水平 Moran's I 指数处于不断上升趋势,从 0.556 上升到 0.593,平均升幅为 6.65%;而从 2008 年开始我国各省份通胀水平 Moran's I 指数处于下降趋势,从 0.593 下降到 0.477,平均降幅为 19.56%。在通胀水平 Moran's I 指数处于上升阶段,中国正处于进入了新的经济增长期,其间 GDP 年增长率为 11.25%。在通胀水平 Moran's I 指数处于下降阶段,中国经济在受到次贷危机等大环境因素影响下进入了调速换挡期,其间 GDP 年增长率为 7.54%。从总体来看,我国各省份通胀水平 Moran's I 指数处于不断下降的趋势,说明国内通胀水平局部集聚的情况正不断改善,不同省份间的通胀水平正在趋同。

表 3-12　以 **2001** 年为基期的我国各省份通胀水平空间 **Moran's I** 指数

年份	Moran's I	年份	Moran's I
2002	0.556	2012	0.513
2003	0.555	2013	0.497
2004	0.578	2014	0.498
2005	0.585	2015	0.500
2006	0.590	2016	0.502
2007	0.593	2017	0.493
2008	0.562	2018	0.482
2009	0.533	2019	0.486
2010	0.521	2020	0.494
2011	0.512	2021	0.477

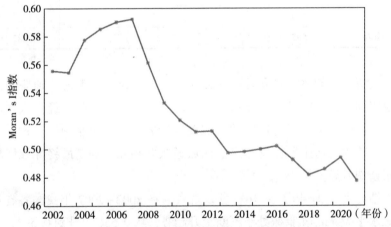

图 3-16　以 **2001** 年为基期的我国各省份通胀水平空间 **Moran's I** 指数走势

第四节　本章小结

关于通胀预期的研究是当前货币经济研究的一个热点，现有文献主要集中在直接用宏观经济变量来解释通胀预期的变化。与这些研究不同的是，本书认为通胀预期是一种基于宏观经济变化的主观判断，从人们的微观经济体验入手展开对通胀预期的研究，将从另一个侧面给予有关通胀预期波动更多的启示；本书采用了路透社 Datastream 数据库最新的通胀预期调查数据，实证分析了多个国家的通胀预期波动情况，丰富了关于通胀预期波动规律的文献；对我国的通胀预期特征进行研究，视角的差异使研究有了新发现和新启示，拓展了国内在这方面研究的思路。具体的研究结论和启示概述如下：

第一，人们的经济体验对通胀预期有重要影响，经济景气、标志性商品价格和投资收入的经济体验会影响人们的通胀预期并导致人们经济行为的改变。在实证分析中，发现对未来收入的心理反应对通胀预期的影响最大。

第二，通过图形比对和建立数量模型分析，发现不同人群的通胀预期存在异质性且特征明显，不同人群间的通胀预期存在倾向差异，而金融分析师的通胀预测误差最好，预期最为理性。GARCH 模型显示通胀预期存在不确定性，方差中有非对称性的波动倾向，这种非对称的波动倾向即预期粘性。在通胀预期的 SETAR 模型中，预期被分为高中低三种不同的调整机制，通胀预期的门限阈值不以零通胀为对称形式，明显右偏说明了人们的通胀预期存在物价会上涨倾向。通胀预期的这些特征与人们的行为心理反应有直接关系。

第三，我国通胀预期与实际通胀存在相关性；短期中预期对通胀有单向的 Granger 因果关系，长期中通胀对预期有单向的 Granger 因果关系；数量模型和图形分析，显示我国通胀预期存在不确定性、粘性和突变性，此外我国通胀预期还存在明显的空间异质特征。

基于以上的实证分析结果，本书认为，在现实的经济环境中，经济体验对通胀预期具有重要影响，人们会根据自身的经济生活和理解来判断未来的通胀水平。而通胀预期与实际通胀会相互影响，所以政府要控制好通胀避免形成通胀预期，其中的一个环节就是避免有物价上涨的经济体验。通胀预期确实存在不确定性（粘性和突变性）、异质性和非线性的特征，在我国通胀预期还存在空间异质性，这给通胀和通胀预期管理带来困扰，也增加了经济的不稳定性。

第四章

预期与货币政策有效性

货币政策有效性是指货币当局所采取的一系列措施和手段（如货币供应、利率、公开市场和道义劝说等）用以实现稳定物价、充分就业、促进经济增长和平衡国际收支。对货币政策有效性的研究已经较多，按照赵伟（2010）的分类研究主要从三个方面展开：一是货币中性论，二是货币传导机制，三是货币政策规则和框架，每个方面的研究都很精彩。根据研究思路，将重点从预期角度来谈货币政策有效性。这里所提的预期主要是指通胀预期，通胀预期的重要性在于人们因通胀预期形成最基本的经济预期，这决定了人们的经济选择（投资和消费主张）。通胀预期在人们的经济行为中具有极其重要的地位，从预期视角来审查货币政策有效性将开启一扇新窗口展示不同视角下的货币经济状况。

第一节　预期变化与经济波动

一、预期是影响经济波动的特殊变量

　　预期是影响经济波动的一个特殊变量。宏观经济环境对人们的微观行为产生影响，而人们的微观行为改变最终将作用于宏观经济，导致宏观经济变化。例如：在经济危机出现时，人们的恐慌行为加剧了危机的蔓延；在经济危机过后，人们又会因为投资消费意愿减少，造成市场低迷而因此延缓了经济复苏；在经济繁荣时人们投机超过投资，市场泡沫慢慢积累导致经济危机。宏观经济中的诸多不确定因素会造成人们行为的改变，如政治事件、自然灾害和股市暴跌等都将引发人们的经济行为调整。人们的经济行为本身也存在不确定性，同样影响着宏观经济，羊群效用、信息瀑布和预期突变等行为都是导致宏观经济变动的行为因素。

预期改变行为，行为改变经济。预期是人们行为决策的关键性依据，所有经济行为决策都离不开预期。人们预期未来是为了获得正确预期的收益，在此基础上选择行动方向和时机。预期不同于一般经济变量，它具有明显的主观心理特征，人的社会心理、行为表现和文化习惯等都会对预期产生巨大影响，因而预期具有不确定性和非理性的特点。这种不确定性和非理性对经济波动有推波助澜的作用。异质预期是影响货币政策有效性的重要因素，面对相同货币政策不同的人在不同的时期会有不同的行为决定。经济行为不能趋同直接影响货币政策效果，使得预定的政策目标难以实现。除了异质预期，预期粘性和突变也会降低货币政策效果甚至产生意想不到的作用。货币政策的传导也离不开预期，不论是利率、资产价格、信贷还是汇率等传导渠道都与人们的预期收益有关，不同的货币政策首先是改变人们的预期收益，进而造成经济行为的调整，最终导致宏观经济运行的变化。

图 4-1 是我国未来物价预期指数 FP 与国民经济累计增长率 GDPR 的对比图，图 4-1 中左侧坐标为未来物价预期指数 FP 季度数据轴，均值为 64.6，右侧为国民经济累计增长率 GDPR 季度数据轴，均值为 10.0。将未来物价预期指数 FP 的时间轴将分为三个阶段，分别为 1999 年第 4 季度至 2003 年第 3 季度、2003 年第 4 季度至 2007 年第 4 季度和 2008 年第 1 季度至今。在第一阶段，未来物价预期指数 FP 低于其均值和国民经济累计增长率 GDPR 低于平均增长率。考虑到发展中国家的国民经济增长速度一般较快，这段时期经济低于 10.0% 的增长速度，属于我国经济增速较慢期。在第二阶段，自 2003 年第 4 季度开始，未来物价预期指数高于均值而国民经济累计增长率 GDPR 也开始大幅提高，并在 2008 年第 1 季度达到最大值，FP 在 2007 年第 4 季度达到最大值 80.39 时，GDPR 在 2008 年第 1 季度达到最大值 14.5%，只是时点上较 FP 滞后了 1 个季度。在第三个阶段，FP 于 2008 年第 4 季度率先触底一年后 GDPR 也触底达到最低的 6.6%。此后，在四万亿元经济刺激计划作用下未来物价预期增加经济增长得以恢复，但这个局面维

持的时间并不太久。仔细观察三个阶段的未来物价预期与经济走势变化，不难发现第一阶段通胀预期水平较低其经济也处于较低增长水平中，当通胀预期发生明显提升时经济同样出现了新一轮增长，在预期达到较高水平时经济泡沫已经积累并膨胀，接着在 2008 年第 1 季度预期突然改变，表现为降低经济预期时经济增速大幅度下降并快速跌至最低点 6.6%，即便是政府出台四万亿元经济刺激计划也只在短期内产生了一定程度的反弹。此后，随着通胀预期维持在一般水平处徘徊，经济增长也表现颓势而处于萧条状态。2010 年以来，经济下滑程度较大，而表示通胀预期的未来物价预期指数维持在均值之上徘徊，这是预期粘附在高位的表现。预期不可能一直粘在高位不变，如果未来经济增长没有实质性的改观，则预期将会随着时间推移缓慢下降。

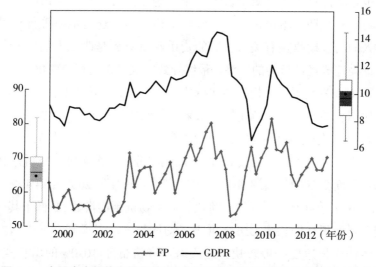

图 4-1 中国未来物价预期指数 FP 与国民经济累计增长率 GDPR（季度）

通过以上分析可以明显看出，通胀预期粘在低位时经济缓慢增长积累能量，当通胀预期处在高位时经济快速增长并形成泡沫，当通胀预期突变降低经济预期时经济急转直下进入衰退。经济低迷但是通胀预期仍旧维持在高位，这是预期粘性的表现。预期波动变化早于经济波动变化，证明预期是影响经济波动的关键因素。

二、预期变动对经济周期性波动的影响

(一) 通胀预期维持在低位促进经济增长

经济周期性波动中，当通胀预期低于实际通胀水平时对经济增长有促进作用。在经济渐渐走出萧条时，政府投资增加和央行适当放宽货币政策，通胀水平已经有所抬头，由于人们的通胀预期仍粘附在较低位置水平，对通胀抬头的变化未能及时知晓和了解。通胀预期维持在低位，人们对工资等要求没有改变，这增加了厂商的预期利润，他们积极扩大生产获得通胀所带来的额外收益。

我国经济在1996年成功实现软着陆，自此经济增速维持在8%左右，商品价格水平呈现出一定的通缩现象。1996年至2001年，国内出现投资萎缩、内需不足和出口下降的局面，经济下滑增加了人们对预期收入的担忧，在消费投资等方面更加谨慎。国内经济表现出随着利率水平的降低，投资不断萎缩储蓄持续增长。为避免通缩摆脱衰退，我国政府从1996年5月开始采取连续7次降息并征收利息所得税的货币政策，企图利用利率刺激经济走出低谷。与此同时，政府加大了财政支出，通过直接财政投资等手段提高收入激发市场的经济信心。连续降息（或变相降息）对人们的经济预期产生作用，加之财政税收上给予的各种消费补贴和信贷支持，人们逐渐产生乐观的经济预期，市场信心得到恢复，投资消费也逐渐增加。

到了2003年，GDP环比增速10.5%和通胀率环比增速1.2%①，经济增长开始出现新态势。"这轮经济增长的'软扩张'是与我国1996年实现的经济'软着陆'相对应的，也是我国经济增长和经济周期中具有鲜明特点的新形态。但是，随着经济增长速度的回升，通货膨胀率并没有人们预期的那样快速反弹，此时价格与产出的替代性并不明

---

① 参见国家统计局网站。

显。"①显然，在 2001~2003 年，通胀率将保持在较低位置没有发生较大反弹的主要原因就是人们的通胀预期被粘附在较低位置，所以通胀率才一直维持在低位，直到 2004~2005 年才开始大幅度提升。通胀预期维持在较低位置，给经济增长带来持续动力，加上经济预期逐渐乐观投资消费增加，到 2005 年新一轮经济增长开始到来。

（二）群体非理性预期制造非理性繁荣

群体非理性是经济中一个有趣现象，理论上讲，群体行为会比个体行为更为理性，但是事实上群体非理性现象大量存在。1936 年，Keynes 在《就业、利息和货币通论》中指出人们的经济行为不仅受理性规范，而且受"动物精神"影响。在有效需求不足的情况下，受短期内"动物精神"、心理预期以及实际经济差距等诸多因素的影响，宏观经济运行会呈现出一定程度的波动态势。Keynes 将视角集中在公众的"动物精神"对于驱动经济的积极功效上，Shiller 则将研究视角转向行为经济学领域，着重阐释"动物精神"的负面能量，认为应注意"动物精神"产生的冲动风险，警惕过度信心的不正常预期，避免经济剧烈波动和狂热的投机性泡沫。

在《非理性繁荣》②一书中，Shiller 分别从结构、文化和心理三个方面阐述了市场非理性繁荣的形成。他列举了 12 种"催生"市场非理性的因素包括互联网、外国竞争对手衰落、股权激励和生育高峰在内一些看似没有直接关系却又真实影响群体非理性的形成等因素。这些因素使得市场信心倍增、期望高筑和价格哄抬，加之媒体报道的过分热情导致的市场过度关注形成注意力连锁反应和"新概念、新故事"的灌输形成过度信心，信心膨胀导致市场预期未来必然将更加繁荣，从而进一步激发了公众投资、投机的热情。当市场和公众对经济的盲目信心被一波波地强化后，强烈的经济预期开始催生、维持和强化市场的非理性繁荣。

---

① 刘金全，刘志刚.中国经济周期波动的区制转移模型及区制状态 [J].浙江大学学报（人文社会科学版），2006（2）：95-102.

② 希勒.非理性繁荣 [M].廖理，施江敏，译.北京：中国人民大学出版社，2001.

在《动物精神》一书中，Shiller 将经济现象中的非理性行为理解为"动物精神"，这些非理性行为包括了五个方面：信心及乘数、公平、腐败和欺诈、货币幻觉、故事，其中有三个方面与经济行为主体的预期关系紧密。在动物精神对经济影响方面，信心是至关重要的影响因素。正如同希克斯乘数理论，信心乘数同样对经济有循环放大的机制，它放大了经济中的各种干扰，或正向或反向。经典经济学很少研究信心，现实经济中却经常提到，尤其是面对危机。在 1933 年，Franklin 当选美国总统的演讲中提到经济衰退被认为是缺乏信心的结果。2008 年，温家宝与美国经济金融界人士晤谈时说"面对危机，关键是要鼓起勇气和信心，这比黄金更重要"。在信心驱使下，将超越理性获得动力复兴经济。民众对通胀的感觉不是连续的，需要积累到一定程度才会在公众行为上产生变化，在此之前货币幻觉不起作用。Shiller 认为，正是货币幻觉导致的错误逻辑催生了房地产泡沫。货币幻觉不仅会催生房产泡沫也会催生其他资产泡沫。很多问题都可以围绕故事来排列，就像您的邻居不会向您宣扬投资股票可以盈利多少，但他会告诉您某某人因投资股票而一夜暴富。故事是人类思维的基本方式，它将各种因素包含进来又排列有序，让事实更有冲击力。故事还可以赋予新的时代含义、新的科技意义（如 2000 年网络泡沫）等，如同老酒装新瓶。信心及乘数、货币幻觉和故事（新概念）在其他因素的共同作用下，形成了群体非理性预期的内在基础，在非理性繁荣的外围环境中相互作用相互强化，导致螺旋式的价格上升和泡沫形成。

（三）预期陷阱让经济深陷萧条泥潭

Keynes 提出"流动性陷阱"假说并指出，如果名义利率降到接近于零，人们宁可持有现金也不会以负利率发放贷款，此时货币政策不再有效。只能依靠财政政策，政府通过扩大财政支出和减税等手段摆脱经济萧条。Krugman（1998）根据李嘉图等价定理否认了财政政策在经济走出流动性陷阱的作用，认为当人们发现政府增加的支出或减少的税收将用未来的税收弥补时，人们会采取如增加储蓄等措施以抵消政府的财政政策影响。Krugman 进一步指出如果政府部门让公众知道政府将采取积极的货币政策投入更多货币，使实际利率进一步降低，那么被制造出来的通胀预期将让经济从流动性陷阱中跳出来，故货币政策仍然有效。从美联储应对 2007 年次贷危机措施来看，量化宽松的货币政策确实在应对经济危机避免萧条中发挥显著的作用。

李拉亚在研究中国的通胀现象时，对凯恩斯的流行性陷阱有了新理解，提出了"预期陷阱"①概念。李拉亚认为中国没有真正的市场利率，故凯恩斯的流动性陷阱被预期陷阱所取代。"当经济进入谷底，预期也终于被拉下后，又会出现预期陷阱效应。此时，政府试图启动经济，增加货币投放，但多投入的货币都被预期陷阱所吸收，变为库存资金积压起来。消费者因较低的通货膨胀预期而倾向于增加储蓄，或持币待购，出现市场疲软。"②李拉亚的观点基本同 Krugman 一致，但他认为财政政策对走出预期陷阱依旧有效。

在经济萧条时人们投资消费的意愿很低，在市场不确定因素干扰下预防性动机增加，人们更愿意手中持有更多货币也不愿意用于投资消费。经济增长速度很低甚至不增长表明通胀预期极低，货币供给增加被预期陷阱吸收，既没有作用到物价也没有作用到经济。由于人们的预期具有粘性，在泡沫破灭的恐慌和经济衰退的双重作用下，人们的通胀预期被牢牢地粘附在很低的位置上，不容易发生变化。此时，通胀预期陷阱让经济深陷萧条泥潭，难以自拔。

第二节　粘性预期视角下的菲利普斯曲线

菲利普斯曲线由新西兰经济学家 Phillips（1958）在《1861~1957年英国失业和货币工资变动率之间的关系》最先提出。根据菲利普斯

---

① Chari（1996）和 Christiano（1998）等提出了通货膨胀预期陷阱假说，即由于公众的通货膨胀预期上升而迫使央行提高实际通货膨胀水平，经济由此落入通胀预期陷阱。均为"预期陷阱"，但概念完全不同。

② 李拉亚. 通货膨胀机理与预期 [M]. 北京：中国人民大学出版社，1991：241.

曲线，失业与通胀存在一种类似于跷跷板的交替关系，通胀高时失业率低、通胀低时失业率高。这成为政府治理经济的法宝，为解决失业率过高就适当提高货币供应量制造通胀，当经济过热通胀太高时就适当降低货币供应量缓和通胀，此时的代价是失业率上升。向右下方倾斜的菲利普斯曲线是不是一种稳定的关系？

菲利普斯曲线从提出至今，许多经济学家对此展开研究，采用不同的预期机制对其的运行规律和图形位势给予阐述，因此有了不同的解释、认识和经济观念。有三个重要因素对菲利普斯曲线的位势和规律产生影响，一是预期机制，二是经济的周期性波动，三是政府的经济政策。

一、影响菲利普斯曲线的三个重要因素

（一）预期机制

在不同预期机制下，对菲利普斯曲线的认识产生差别，导致经济学家持有不同的货币政策观点，影响了所采取的货币政策措施，具体见表4-1。

表4-1 预期机制、菲利普斯曲线和货币政策观点

经济学派	预期机制	菲利普斯曲线	政策观点	政策措施
凯恩斯主义		倾斜	货币政策有效，但流动性陷阱时无效	采用多种货币政策工具
货币主义	适应性预期	短期倾斜、长期垂直	短期货币政策有效，长期无效	采用单一货币规则，货币供应量
理性预期学派	理性预期	长、短期均垂直	长、短期货币政策均无效	增加政策透明度

新凯恩斯主义采用理性预期假设又设计价格粘性等理论来解释菲利普斯曲线，但新模型解释还有不足，甚至会有与经验相矛盾的情况；此外，有不少的学者试图通过采用包含多种预期机制的模型来解释菲

利普斯曲线。这些混合了多种预期机制的模型在一定程度上避免了单一的适应性预期和理性预期在建模中所固有的理论缺陷，但还是不能刻画实际菲利普斯曲线所表现出来的种种变化特征。

2002年，Mankiw和Reis采用粘性信息替代粘性价格，使得模型的解释能力提高。当信息更新越快信息就越充分价格也就调整越迅速，这时菲利普斯曲线越陡峭，在图形上表现为更接近垂直。反之菲利普斯曲线变得平缓，在图形上表现为更接近水平。信息具有粘性，人们依据粘性信息做决定所以预期也具有粘性，这是一种新兴的预期思想。李拉亚（1991）的粘性预期、Mankiw和Reis（2002）的粘性信息以及Sims（2006）的理性疏忽，都是新兴的预期思想——粘性预期。新兴的预期思想放弃了信息零成本的假设，为降低成本人们会理性地放弃应有的理性行为，使得预期表现出不确定性（主要包含粘性与突变性）、异质性和非线性等特征。由于通胀预期存在不确定性，故菲利普斯曲线的位势也具有不确定性，它的斜率、位置会根据人们的通胀预期（经济预期）变化而发生变动，更会因为预期突变而表现出跳变特征。所以，实证分析总能看到菲利普斯曲线似乎在杂乱无章地变动。

预期机制对菲利普斯曲线的位势影响重要，采用粘性预期机制来描述通胀预期是解释菲利普斯曲线变化规律的关键。采用粘性预期机制可以提高模型实证分析的解释能力，但也存在仅用通胀预期无法解释的情况。李拉亚（1995）认为人们在经济周期运行中会犯两类判断错误：一是将名义货币收入增加判断为实际货币收入增加，二是把实际货币收入增加判断为名义货币收入增加，这是导致通货膨胀与经济增长关系复杂化的原因之一。[①]在经济好转时，失业率会逐渐减少，但此时的通胀和通胀预期会逐渐降低；在经济转坏时，失业率会逐渐提高，但此时的通胀和通胀预期会逐渐增加，出现滞胀情况，这都和传统的此消彼长的关系相互矛盾。如果再考虑存在预期突变的情况，情况更为复杂，不是简单的菲利普斯曲线模型所能涵盖。

所以通胀预期需要被更为适用性的预期所替代，或是在特殊时期，

---

① 李拉亚. 通货膨胀与不确定性 [M]. 北京：中国人民大学出版社，1995：337-349.

用更能表达出此时失业率变化的预期所替代，比如说经济景气预期。因为通胀预期的波动不能刻画整个经济波动过程中的失业率波动规律。

Friedman 拓展的菲利普斯曲线存在的根本性问题在于两个方面，一是预期机制，二是经济预期还是通胀预期。通胀预期在多数情况下与经济预期相同，但是也存在两个特殊情况，即经济泡沫过大时的通胀预期不等于经济预期。

（二）经济的周期性波动

经济的周期性波动对菲利普斯曲线的影响客观存在，通胀水平和失业率水平（自然失业率水平）在经济周期性波动中处于不同位置。从经济波动周期性循环的视角来思考，不难发现 Friedman 的长、短期菲利普斯曲线应如图 4-2 变化——顺时针循环。

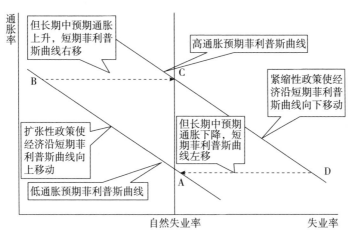

图 4-2 **Friedman 的长、短期菲利普斯曲线移动**

图 4-2 描述了适应性通胀预期如何使短期菲利普斯曲线移动①，这是一种动态的循环结构。如果充分考虑经济周期性循环波动，处于不同经济状态的自然失业率应该是不同的，故垂直的长期菲利普斯曲线

---

① 图 4-2 参考曼昆《经济学原理（宏观经济学分册）》中图 35-5 和图 35-10 所得到。曼昆 . 经济学原理（宏观经济学分册）：第 6 版［M］. 梁小民，梁砾，译 . 北京：北京大学出版社，2012.

还应会左右移动，而不会处于原位固定不变。

与 Friedman 采用适应性预期不同，理性预期学派采用理性预期来分析菲利普斯曲线，认为不论长短期菲利普斯曲线均为垂直。与前文一致，仍需考虑自然失业率在不同经济周期波动中的移动轨迹。不同经济周期中，必然存在不同的自然失业率，故垂直的菲利普斯曲线会在经济波动中不断地左右移动，加之货币发行波动造成的通胀波动，会让菲利普斯曲线呈现出环形运动的轨迹，如图4-3所示。

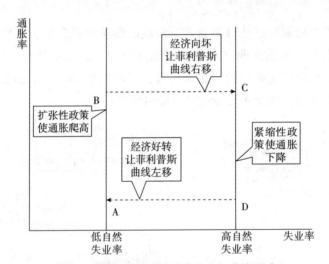

图4-3　理性预期学派的菲利普斯曲线移动

菲利普斯曲线的环形轨迹，其大小、位势、形状和旋转方向等都体现实际的经济周期波动特征。假设预期机制是粘性预期，那么人们预期中所存在的粘性、突变性等不确定性问题都应体现在菲利普斯曲线变动上，此时的菲利普斯曲线应该是怎样的一种状态，又会有怎样的特征和规律？

（三）政府的经济政策

如果说前两个因素"预期机制"和"经济的周期性波动"是影响菲利普斯曲线状态的经济客观因素，那么第三个因素"政府的经济政策"则带有主观成分——因为政府的经济政策总是根据政府管理需要人为采取。政府经济行为影响了经济的运行，同时也干扰了菲利普斯曲线的运行轨迹，导致其发生转变。经济的周期性波动中，当经济低迷时，政府采取刺激经济的扩张政策；当经济过度繁荣时，政府又会釜底抽薪给经济降温。政府采取适合的经济政策，也许出发点是好的，但是不见得每次都能取得效果，甚至反而导致经济向坏的情况出现，或是在经济暂时向好之下埋下了更大的经济隐患，这并不少见。

　　政府经济行为包括经济政策，会同时改变人们的经济预期（通胀预期）和经济的周期性波动过程。其中对人们经济预期的影响可能并不需要政府政策和经济行为对经济有什么实质性作用就可以产生。例如，央行稍微降低利率水平，也许降息的力度对实体经济的影响十分有限，但是给予市场的信号十分明显，市场会及时了解到政府刺激经济增长的态度和决心，并做出反应。所以有必要将这个因素也考虑进来，才能解释菲利普斯曲线看似无规律却又必然的变动。

二、粘性预期与旋转的菲利普斯曲线

　　解释菲利普斯曲线顺时针方向旋转是现代宏观经济学的一个主要课题。诸多文献分析中也都观察到了这种旋转的菲利普斯曲线，只是菲利普斯曲线并非只是向顺时针方向旋转，它也会向逆时针方向旋转。在李拉亚（1995）、陈学彬（1996）、崔建军（2003）和沈利生（2009）等对我国的菲利普斯曲线分析的图形中，也都能观察到这种旋转状态。选择采用美国、英国失业上涨率 U 与 CPI 同比指数的原始时间序列来进一步分析菲利普斯曲线旋转规律，如图 4-4、图 4-5 所示。仔细观察图 4-4、图 4-5，确实存在这样的顺时针方向旋转情况。在进入 21 世纪后，美国的顺时针旋转的菲利普斯曲线却出现了逆时针方向旋转。为什么菲利普斯曲线在这段时期表现出向不同方向旋转的特征呢？这应与政府在这期间为避免经济衰退采取的一系列经济措施有关，也与因此产生的经济预期有关。这些措施在调控经济的同时改变了菲利普斯曲线的旋转方向和轨迹。触发菲利普斯曲线逆时针旋转的机制是什么，还需要深入探究。

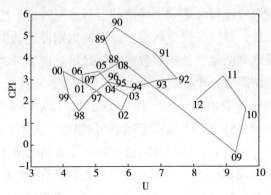

图4-4 美国1988~2012年"通胀—失业"的菲利普斯曲线

资料来源：Wind资讯（世界银行的统计数据）。

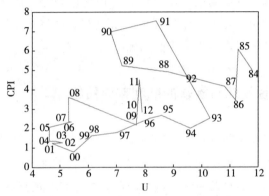

图4-5 英国1984~2012年"通胀—失业"的菲利普斯曲线

资料来源：Wind资讯（世界银行的统计数据）。

庞明川（1999）认为长期的菲利普斯曲线的变化与经济周期同步，呈顺时针方向不规则的环形曲线变化。环形菲利普斯曲线假设增加了对菲利普斯曲线的理解，但是庞明川（1999）仅认为菲利普斯曲线顺时针环形变化与经济周期波动相关，并未考虑预期机制在其中所发挥的作用。预期对经济波动有推波助澜的作用，对经济波动和经济管理的影响都至关重要，而粘性预期又是一种复杂多变的预期机制，具有不确定性（粘性、突变性）、异质性和非线性的特点，在政府经济政策的共同作用下让菲利普斯曲线变动显得十分复杂。

通胀预期的重要性在于人们因通胀预期形成最基本的经济预期，

这决定了人们的经济选择（投资和消费主张）。通胀预期在人们的经济行为中具有极其重要的地位，从预期视角来审查货币政策有效性将开启一扇新窗口，展示不同视角下的货币经济状况。这里所指的预期主要是指通胀预期，下面结合预期在经济运行周期中的变化规律来阐述粘性预期视角下的菲利普斯曲线旋转变化规律，如图4-6所示。图4-6中，U^*表示自然失业率，π^*表示政府预计的通胀水平。

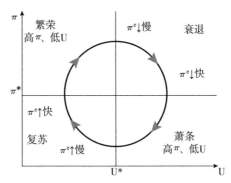

图4-6　"通胀—失业"的菲利普斯曲线

当经济萧条进入谷底，此时人们的经济预期也降到底点即陷入预期陷阱①，大家倾向于增加储蓄持币待购，央行多投入的货币会因预期陷阱的作用而被公众储藏。由于经济低迷市场疲软，市场上的实际通胀水平π很低，人们的通胀预期π^e也很低，而失业率U处于高位，经济在低谷中徘徊等待复苏。此时"通胀—失业"的菲利普斯曲线位于图4-6中的第四象限的萧条区域。

随着经济的缓慢复苏市场状况有所恢复，投资和消费增加让实际通胀π开始有所上升，但由于人们预期具有粘性，通胀预期π^e仍旧粘附在较低位置。实际通胀π上升并没有影响到π^e也随之上升，通胀预期π^e粘附在低位工人不会要求工资上涨（即便是部分工人发现通胀的变化，其通胀预期出现小幅度的上涨也不会立即反映到工资上涨要求

① 李拉亚（1991）认为中国没有真正的市场利率，故凯恩斯的流动性陷阱被预期陷阱所取代。当经济进入谷底，预期也终于被拉下后，又会出现预期陷阱效应。消费者因较低的通货膨胀预期而倾向于增加储蓄，或持币待购，出现市场疲软。李拉亚. 通货膨胀机理与预期［M］. 北京：中国人民大学出版社，1991：241.

上，因为对于刚刚起色的经济来说，来之不易的就业机会让工人没有足够底气要求涨工资）。这样，厂商获得了通胀 π 小幅上升后的额外利润，政府获得其希望的产出增长和逐渐降低的失业率水平，通常这样的过程较为缓慢。此时的菲利普斯曲线展示出政府所希望的作用——通胀率上升而失业率下降，"通胀—失业"的菲利普斯曲线位于图 4-6 中的第三象限的复苏区域。

当经济经过一段时间的复苏后开始走向繁荣，此时实际通胀 π 已经缓慢上升达到一定高度，人们在持续通胀中也形成了较高的通胀预期 π^e。经济走向繁荣，市场上到处可以看到招工广告故市场失业率 U 很低。较高的通胀水平 π 使得人们产生了货币幻觉，这在群体非理性的共同作用下开始催生泡沫。经济中潜藏的风险正慢慢积累变大。此时"通胀—失业"的菲利普斯曲线位于图 4-6 中的第二象限的繁荣区域。

经济泡沫被一点点吹大时，经济风险积累也达到空前高度，由于泡沫未被挑破经济繁荣假象仍旧存在，但在人群中关于经济风险的恐慌已经开始蔓延扩散。可能仅仅是一个很小的市场不确定性扰动也会导致人们的预期急剧变化，对泡沫破灭的恐惧，对未来经济丧失信心，人们的经济预期将发生突变。经济泡沫在一夜之间被戳破，经济状况急转直下到处出现工厂停工、厂商倒闭的现象，失业率 U 开始节节攀高。预期粘附在高位造成实际通胀 π 具有惯性，市场上各种商品和人工的价格都仍将处在较高位置，一时间难以迅速下调。产品滞销、失业增加的经济局面迅速扩大，此时高失业率 U 与高通胀 π 并存。直到市场的通胀水平 π 逐渐下降失业率 U 不再增加为止，经济进入萧条。此时"通胀—失业"的菲利普斯曲线位于图 4-6 中的第一象限的衰退区域。

同样是通胀水平下降（或有可能是通缩现象），在第四象限就是一件好事，因为它伴随着失业率的降低，而在第一象限就对经济不利是因为它伴随着失业率的增加。可见，政府对待通胀下降或是通缩的时候应该区别对待。在第二象限，极度高涨的经济中人们的预期容易出现突变，这容易导致泡沫破灭造成经济由繁荣走向衰退；在第三象限，萧条的经济中人们的预期改变向好较为困难，信心恢复最为重要，所以在这两个时期，政府应有区别地对待影响人们的预期，让经济保持稳定和尽量让经济摆脱萧条恢复生机。

由于预期作用,"通胀—失业"的菲利普斯曲线将表现出顺时针旋转的变化规律,如图4-6所示。根据奥肯定律,失业与经济增长呈反方向变化,所以如果是"通胀—产出"的菲利普斯曲线应该表现出逆时针旋转的变化规律。因为人们预期的影响,菲利普斯曲线表现出周期性循环的旋转变化规律,而政府经济政策会对菲利普斯曲线循环的周期、大小和方向产生影响。沈利生(2009)根据中国菲利普斯曲线周期运动环的形状和大小,将菲利普斯曲线分为扁平型、丰满型、瘦长型和娇小型体态,体现了各经济周期自身的特点。

三、菲利普斯曲线旋转的实证分析

陈学彬(1996)、刘树成(1997)、沈利生(2009)和纪尚伯(2012)等均撰文从不同的角度阐述认为中国经济存在菲利普斯曲线关系,本书也持此观点。参照沈利生(2009)的经济周期划分,直接采用中国GDP上涨率与CPI同比指数的原始时间序列。由于中国还没有全面的失业率统计,为避免失业率统计不完整的尴尬,根据奥肯定律失业率与经济增长存在负相关,建立GDP上涨率与CPI同比指数的坐标系来分析经济波动过程中的菲利普斯曲线变化规律,如图4-7所示。

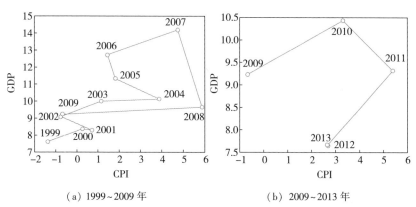

(a) 1999~2009 年　　　　　(b) 2009~2013 年

图4-7　1999~2013 年中国 GDP 上涨率与 CPI 同比指数的联动周期图

资料来源:Wind 资讯(世界银行的统计数据)。

从图 4-7 可以十分清晰地看出，1999~2009 年、2009~2013 年中国的菲利普斯曲线表现出顺时针方向的运动轨迹。结合未来物价预期指数 FP（图 4-8），可观察到预期变化对周期波动的影响，在 FP 上升变化较快时菲利普斯曲线上升较陡峭，反之就较平缓；在 FP 下降变化较快时菲利普斯曲线下降较急促，反之就较缓慢。结合图 4-7（a）中和图 4-8 分析，FP 指数在 2001 年到 2007 年的上升过程中，其中在 2003~2004 年、2006~2007 年和 2007~2008 年表现较为急速上升和急剧下降，此时的菲利普斯曲线轨迹就较为陡峭和垂直。在图 4-7（b）中，2009~2013 年的菲利普斯曲线的上升与下降也与未来通胀预期 FP 波动相互吻合，其中在 2010~2012 年的变化走势非常陡峭对应了未来物价预期指数 FP 的急剧下降。所以，菲利普斯曲线表现出周期性的旋转变化与人们的通胀预期波动变化相关，一个简单的推论就是经济周期性运行中人们的通胀预期变化左右了菲利普斯曲线的旋转。然而，某一年的菲利普斯曲线波动的具体位置除了与预期变化有关之外，也与政府所采取的经济政策有关。积极或紧缩的经济政策不仅会影响菲利普斯曲线的位势轨迹，在预期的共同作用下甚至会改变其旋转的方向（顺时针或逆时针）。

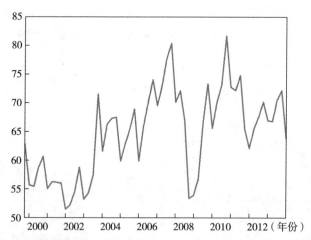

图 4-8　未来物价预期指数 FP 的季度走势（1999 年第 4 季度至 2013 年第 4 季度）

选择采用美国 GDP 上涨率与 CPI 同比指数的原始时间序列来进一

步分析菲利普斯曲线旋转规律，如图4-9所示。

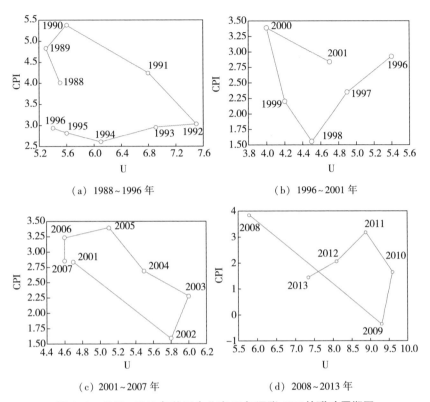

（a）1988~1996 年　　　　（b）1996~2001 年

（c）2001~2007 年　　　　（d）2008~2013 年

图4-9　1988~2013 年美国失业率 U 与通胀 CPI 的联动周期图

资料来源：Wind 资讯（世界银行的统计数据）。

在图4-9中，（a）、（b）、（c）和（d）分别是美国1988~1996年、1996~2001年、2001~2007年和2008~2013年的通胀 CPI 与失业率 U 的联动周期图，图4-10是美国消费者未来通胀预期 EXP CPI（1年期）。通过比较，可以直观地发现：在消费者未来通胀预期 EXP CPI（1年期）调整向下的过程中都伴随着 CPI 的减幅和失业率 U 的提高，如此这般，菲利普斯曲线表现出旋转特征，参看图4-9的（a）、（b）。在图4-9（a）、（b）中通胀 CPI 与失业率 U 所形成的菲利普斯曲线是按顺时针方向旋转的，而在图4-9（c）、（d）中通胀 CPI 与失业率 U 所形成的菲利普斯曲线是按逆时针方向旋转的。

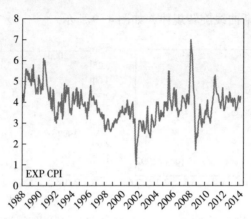

图 4-10　1988 年第 1 季度至 2014 年第 4 季度美国消费者 1 年期的通胀预期（月度）

　　为什么菲利普斯曲线在这两段时期表现出不同方向旋转的特征呢？这应该与预期粘性和突变性有关，也与政府在这期间为避免经济衰退采取的一系列经济措施有关。这些措施在调控经济的同时改变了菲利普斯曲线的旋转方向和轨迹。

四、粘性预期视角下的经济滞胀问题

　　关于经济滞胀的原因，不同经济学派从不同的角度有不同的解释。Friedman 认为滞胀的原因是工人采用适应性预期，由于工人的预期滞后实际的通胀水平，所以伴随着通胀预期不断修正，菲利普斯曲线也不断提高，滞胀就此出现，如图 4-11 所示。

　　刚开始时经济处于自然失业率 U^* 水平，通胀率为 3% 的 F 点。当政府采取积极的货币政策后，失业率降低到 U 处而通胀率上升到了 5%。此前工人的通胀预期是 3% 现在实际通胀率为 5%，所以实际工资水平下降投资增加失业减少，出现如 SPC_1 所示的情况。长期中工人会观察到实际工资水平下降，他们相应调整了预期通胀率从 3% 提高到 5% 并反映到工资中。伴随着实际工资回到原有水平，生产就业也回到原来的水平，失业率返回到 U^* 处，但此时的通胀预期是 5%。如此反复，短期中失业与通胀跷跷板式的关系不能被维系，随着工人通胀预期的提高短期菲利普斯曲线也不断上升。

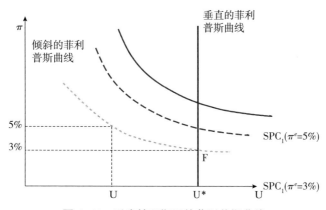

图 4-11　适应性预期下的菲利普斯曲线

其实，如果预期存在粘性，人们的预期粘附在原有预期水平上，总是滞后于通胀发展，那么菲利普斯曲线也会如 Friedman 所认为的那样出现滞胀的现象。

从粘性预期的角度看，政府出台积极经济政策（如增加货币供给量）来刺激经济增长，虽然在一定程度上缓解和避免经济进入萧条，但是短期内并不能改变人们的经济预期。在经济向下的过程中，人们对经济缺乏信心不会增加投资消费等，所以短期内积极货币政策并不会让经济立即出现好转的迹象，失业率不会下降，而超发的货币会让通胀维持在高位运行，此时经济出现高通胀与高失业率并存的局面——滞胀，如图 4-12 所示。

如此，当经济出现危机，政府为避免市场进入衰退采取了一系列刺激经济的措施（主要包括各种积极的货币政策），由于人们的经济预期没有改变仍旧表现出对未来经济不乐观，超发的货币将被预期陷阱所吸收，现金为王的观点让人们更愿意选择持有货币，而非将货币进行投资与消费等。由于货币并没有进入实体经济，经济没有好转，最终造成高失业率与高通胀并存的局面。可见，在经济预期没有向好，通胀水平没有下降的情况下，一味地采取积极货币政策来刺激经济而没有考虑货币的真正去处时，政府行为将导致滞胀发生。如果人们的经济预期向好，增加投入的货币能进入实体经济有很好的去处，经济就能进入新一轮的运行周期开始复苏。

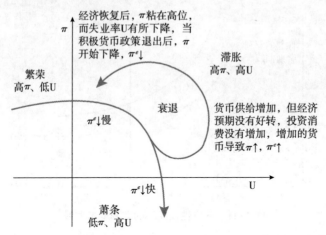

图 4-12　粘性预期视角下的菲利普斯曲线逆周期旋转与经济滞胀

政府在避免经济萧条的政策决策中，有三件事情十分重要。一是避免人们对未来经济丧失信心，这样可以减缓经济衰退步伐；二是避免人们的预期滑入预期陷阱，这样增加投入的货币可以进入投资和消费领域，而不是被储藏起来；三是把握好经济政策的力度和进程，在经济没有好转的情况下，过度积极的货币政策只能带来通胀提高最终造成经济滞胀。

第三节　预期在货币政策传导的作用

一、利率波动折射市场对通胀预期的判断

利率波动体现了人们对未来物价预期变化。在《利息理论》[①] 一书中，Fisher 将利率分为名义利率和实际利率，认为名义利率等于实际利率加上预期的通胀率，如式（4-1）所示。

---

① 菲歇尔. 利息理论 [M]. 陈彪如，译. 上海：上海人民出版社，1999.

$$1 + i = (1 + r)(1 + \pi^e)$$

$$1 + i = 1 + r + \pi^e + r\pi^e$$

$$i = r + \pi^e \tag{4-1}$$

其中，i 为名义利率，r 为实际利率，π^e 为通胀预期，由于 $r\pi^e$ 的值通常很小可以忽略，所以费雪效应为：$i = r + \pi^e$（名义利率=通胀率+实际利率）。人们会根据市场通胀水平来调整名义利率保持实际利率的利润。Fisher 认为实际利率完全是由经济中的实际生产部门决定，只受资本生产率和风险偏好等实质因素影响，体现生产者的生产效率或是投资者的收益偏好。名义利率 i 只与通胀预期 π^e 有关，通胀变动是因，名义利率变动是果。显然，这意味着名义利率是通货膨胀预期的一个很好的预测指标，它们一一对应。

泰勒规则是斯坦福大学的 Taylor 于 1993 年根据美国货币政策实际经验所确定的一种短期利率调整的政策规则。Taylor 认为央行可以根据通胀率、长期均衡实际利率、通胀缺口和产出缺口状况来调整短期利率，实现产出增长和物价稳定的目标。泰勒规则实现的三个前提：一是政策当局拥有保持经济稳定增长与控制通胀的双重目标，二是该国采取浮动汇率制，三是以利率传导为机制。

泰勒规则的基本模型如式（4-2）所示。

$$i_t = \pi_t + r^* + \alpha(\pi_t - \pi^*) + \beta(y_t - y^*) \tag{4-2}$$

其中，i_t 为短期名义利率，r^* 为长期均衡实际利率，π_t 为通胀率（为前四季度的平均通胀率），π^* 为央行通胀目标，y_t 为实际产出，y^* 为潜在产出。α、β 分别为通胀缺口和产出缺口系数。Taylor 指出 α 不应为负，否则会导致货币政策不稳定。根据泰勒规则原式，若实际产出 y_t 大于潜在产出 y^*，通胀率 π_t 超过目标通胀率 π^*，则实际利率偏离实际均衡利率，央行就应该动用政策工具调整名义利率 i_t，让实际利率回到实际均衡利率。如此，央行在决策中保持利率水平中性形成稳定利率环境，保持经济在目标通胀水平下稳定地增长。

在泰勒规则中，央行根据通胀率水平变化来调节名义利率从而保持经济稳定。但是利率的变动会反过来影响通胀预期从而影响通胀，引发通胀变化。为了了解这个冲击作用，首先需要清楚美联储调整

"联邦储备银行贷款"利率的过程。美联储调节利率并不能擅作主张，需要根据"商业银行间的贷款利率"水平来调节，既不能将利率定得过低使其成为商业银行的廉价提款机也不能将利率定得过高使其不能发挥调节资金作用。故泰勒规则中短期名义利率 i_t 是跟随市场动态变化并不决定市场利率走向。不可否认的是美联储调整联邦储备银行利率对市场预期有直接的影响。由于金融理财知识的普及和媒体宣传作用，市场已经将美联储的联邦储备利率视为经济波动的风向标。长期以来人们一直认为，当美联储调高联邦储备利率意味着市场可能过热，美联储意在给市场降温；当美联储调低联邦储备利率意味着市场可能过冷，美联储意在给市场升温。如此，短期名义利率的作用不仅体现在通过利率机制调整经济，更为关键的是影响了市场的预期并因此引发了一系列的经济行为反应。利率是经济预期的一个重要的表现。通胀预期水平影响到名义利率，名义利率的变化也会影响通胀预期，从而在泰勒规则中来回冲击震荡，影响产出和物价。

除了利率外货币政策应该还有其他的传导途径，像再贴现率以及资产组合收益率等，均体现了市场对未来通胀预期的判断，人们根据通胀预期来判断当前的利率或其他资产价格的未来收益率是否能在未来给他们带来实际的财富增加或是减少财富损失。所以，这些类似于利率的货币工具或是金融产品组合，最终能影响人们的投资消费行为的关键还是其能否在通胀预期下保证人们的投资增值或避免财富贬值。

二、货币供给与存款准备金率对通胀预期的作用

在费雪方程式中，货币流通速度和商品（劳务）交易总量在短期内相对稳定，所以货币供给量变化将直接作用到商品物价，导致物价水平的同方向等比例变动。当公众观察到政府已经或是即将增加货币供给量时，最为直接的反应就是商品物价上涨，可见货币供给对通胀预期的作用是同向等比例的。在 Keynes 的流动性偏好理论中，当货币供给量增加必然创造市场流动性进而降低市场利率，而货币供给量增加也将增加公众收入增强消费需求。如果在持续货币供给增加的状态

下，货币需求曲线右移则市场均衡利率相应提升，最终货币供给量增加促使收入增加消费增强，将引发公众对未来通货膨胀的预期。

Friedman 认为通胀是引起物价长期普遍上涨的一种货币现象，而非一般的经济现象，通胀或通缩总与货币量的多寡直接相关。考虑到货币供应量变化对于物价和产量的冲击是不确定的和无法预测的，Friedman 指出政府应尽可能减小货币供给变化对产出和物价的影响，使得名义国民收入与货币供应量之间形成一种确定的可预测的因果关系。在长期中，货币供给增加最终的结果就是物价上涨，所以公众在观察到政府增加货币供给后的反应将是提高未来通胀预期。在短期内公众采用适应性预期，在观察到物价上涨后公众修正其通胀预期使之等于实际的通胀水平，这时公众通胀预期表现出滞后特点。根据理性预期理论，由于经济人具有理性预期增加货币供给量的唯一结果是公众预期到可能的经济变化并相应改变其经济预期以应对未来通胀。理性预期学派与货币主义在具体货币政策措施上的主张基本相同。

增加货币供给会提高实际通胀水平影响通胀预期，这已基本是经济学界的共识。从粘性预期的角度看，当人们观察到货币供给增加后会不会立即修改其通胀预期，但在长期中人们会修正通胀预期使其与实际通胀持平。因为预期存在异质性和不确定性，预期很难在短时间内趋同，所以市场存在不同水平的通胀预期。当面对相同的货币政策时，人们却有不同的预期结果和行动，这增加了市场的不确定性。所以，主张采用长期固定的货币供给增长率来满足和保持经济的稳定增长，可以被视为一种稳定市场预期，减少经济不确定性的政策方案。

存款准备金是选择性货币政策工具，央行通过调整商业银行的存款准备金占其存款总额的比例来调节经济中的货币数量。经典经济学教科书中，对存款准备金的解释是央行调节通胀的一剂猛药，通常情况下不轻易使用。西方国家在采取货币政策工具使用最少的就是存款准备金，即便在 2006~2007 年资产泡沫不断膨胀时期，也很少见到采用调整存款准备金率来调整经济。由于中国特殊的经济环境，使其在采用存款准备金率来调整经济中积累了丰富的经验。

为应对自 2005 年以来不断增长的资产泡沫，中国政府采用调整存款准备金率的货币政策来调节过热经济，具体调整情况如附录 C 所示。理论上讲，提高存款准备金率将立即冻结流通中的部分货币。以 2007 年为例，一年十次提高存款准备金率（存款准备金率从 9% 升到 14.5%），预计冻结了 1.8 万亿元。但是我国的通胀并没有停下来反而是越涨越高，2007 年 CPI 全年涨幅为 4.8%，2008 年 CPI 全年涨幅为 5.9%①。可见，提高存款准备金企图采用冻结部分货币流动性的办法并没有立竿见影地遏止住通胀势头。

从图 4-13、图 4-14 中，可以看出在存款准备金率不断上涨的

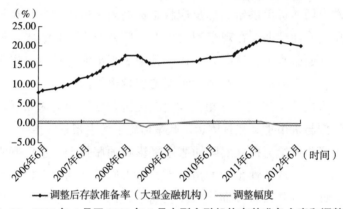

图 4-13　2006 年 6 月至 2012 年 6 月大型金融机构存款准备金率和调整幅度

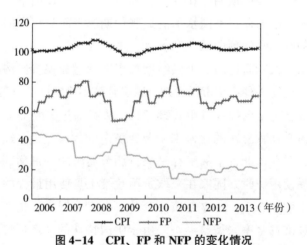

图 4-14　CPI、FP 和 NFP 的变化情况

---

① 参见国家统计局网站。

2006~2007 年，居民的通胀预期不断上涨，物价也在不断上涨。是什么原因导致频繁采取的存款准备金率失去应有的效果呢？

调整存款准备金率在冻结了市场部分货币流动性并没有遏制住通胀的上升，一个关键的原因就是居民通胀预期不断上升。虽然存款准备金率提高瞬间冻结住了部分市场流动性，但是市场的通胀预期并没有改变而是在不断增长，这导致了通胀水平的提升。所以调整存款准备金率在遏制通胀上的作用大打折扣了。从附录 C 可以看到，央行在 2007 年十次调高准备金率公告公布后的第二个股市交易日，股指并没有因为市场流动性被束缚这样重大利空消息而下跌，而是出乎意料地表现为上涨。这证明了提高准备金率未能遏制通胀势头是因为其没有改变市场预期。正是市场预期没有改变，才造成 2006~2007 年采用存款准备金率这一货币工具没有达到预期效果。直到 2007 年，美国的次贷危机出现端倪造成全球性恐慌后，居民未来物价预期出现下降，CPI 上涨势头减弱通胀才被遏制。

在中国，利率受到管制金融体系不发达，像西方发达国家那样采取利率调控的货币政策措施在中国行不通，所以中国人民银行选择了采用存款准备金率这一工具。相比于利率，存款准备金率在束缚流动性上立竿见影。但是由于没有改变市场预期，所以通胀没有得到有效遏制。在美国次贷危机爆发后，国内的通胀预期发生转变，这时通胀才被遏制，通胀水平开始下降。为什么调整存款准备金率没有改变市场通胀预期呢？究其原因除了市场对存款准备金率的理解不足外，最为关键的是当时的市场已经形成了群体非理性预期，当市场不再理性不再恐惧时，货币工具效果就变得微乎其微。

存款准备金率作为控制通胀的一剂猛药在影响市场通胀预期上尚不能发挥足够效果，其他货币工具诸如公开市场业务、再贴现率等对通胀调节的影响就更有限了。反而像信贷渠道和央行沟通等方法倒是在遏制通胀和引导市场通胀预期上取得相当的效果。

三、信贷渠道开合体现未来经济预期

当前，"信贷渠道"货币政策传导途径正被学者所重视。Stiglitz 和

Weiss（1981）指出利率与资产价格渠道存在的前提条件是"市场机制健全"和"信息对称"，但在实际经济中市场不完全、信息不对称的例子比比皆是。Stiglitz 等（1981）提出"均衡信贷配给理论"，确立了货币政策的信贷渠道传导机制的理论基础。"信贷渠道"要成立，首先是央行能影响商行的贷款，其次是贷款人需依赖商行贷款。Bernanke 和 Gertler（1995）根据影响的主体差异将信贷渠道分为资产负债表渠道和银行贷款渠道。对于前者，由于企业内部与外部的融资不完全替代，信息不对称造成了外部资金的成本溢价，当央行采取紧缩性货币政策时企业的资产净值与抵押品的价值减少，外部资金的溢价增大导致企业融资规模减小。这样，对市场的经济预期与央行的货币政策姿态将影响企业的融资水平。对于后者，央行通过改变商业银行的信贷行为，进而影响实体经济运行。由于央行在管理商业银行上具有行政优势，所以央行通过银行贷款渠道来管理商业信贷行为，将较其他货币政策有更为直接和具体的影响。当采取紧缩货币政策时，央行信贷管理行为使银行储备下降，银行可贷资金供给减少则相应地调整其资产负债的结构，这导致向银行贷款的企业被迫减少资金需求，从而达到控制市场货币供给的目的。

那么信贷渠道的开和合是由什么来判断呢？显然，这与央行对经济形势的预期有关，也与商业银行的风险决策有关。

央行在经济宏观管理中具有重要地位，其经济态度和政策行为往往会影响市场的预期和决策。当央行对经济形势表示乐观时，宽松的货币政策环境给予市场足够的资金，需要资金的企业能方便快捷地得到贷款；当央行对经济形势表示谨慎时，信贷渠道变窄束缚了商业银行信贷能力。随着金融监管日趋严格，央行信贷渠道开合会引得商业银行资产负债出现波动，为避免不确定因素引发的银行经营风险，商业银行会主动调整其内在的信贷投放量，从而影响市场影响自身造血机能。央行对市场预期的影响举足轻重，货币政策的明显变化也给市场传递出央行对未来经济状况的信号，市场各方均会相应调整预期改变经济行为。由于信息不对称信贷中存在道德风险和逆向选择，商业银行在发放贷款时需要评估其违约的可能性，除了分析信贷信息外也会评价其所处的经济环境，综合各方面的评估得出是否给予信贷的决定。商业银行对贷款风险的预期也决定了信贷渠道的宽窄。

央行和商行的经济预期都包含对未来经济风险不确定的评估，当经济风险的不确定较小意味着预期乐观，当经济风险的不确定较大意味着预期悲观。预期乐观则信贷投放扩增，预期悲观则信贷投放缩减。

四、央行沟通具有引导预期影响货币政策效果

在 1997 年亚洲金融危机前，央行决策并不作为公开信息对外界透露，其行为充满着神秘感，这引起了部分学者的注意，如 Karl（1981）。亚洲金融危机爆发后的第二年，国际货币基金组织认为央行政策不透明是导致危机爆发的主要原因，并发布了《货币和金融政策透明度良好行为准则》来强调和规范央行决策透明度。此后，研究央行沟通与货币经济的文献逐渐丰富起来，如 Kohn 和 Sack（2004）、Ehrmann 和 Fratzscher（2007）认为央行的评论与暗示等能够影响市场预期。王雅炯（2012）分析认为央行沟通对通胀预期有显著影响，口头沟通相对书面沟通更为显著。

透明度可以被认为是一种单向信息传递，央行单方面地向公众展示其对经济形式的态度和行为，并没有注意到公众的反应。沟通则是一种双向信息传递和交流，央行沟通不仅仅向公众传递出央行的经济政策态度和决策，央行还积极地了解公众的预期和行为变化并以此作为其决策基础，通过沟通引导公众预期行为向其希望的方向变化。如果说透明度能稳定公众的通胀经济预期，则央行沟通在这方面的效果将更为显著，因为沟通能够消除市场预期中的不确定性因素，赢得公众更多的理解和配合，让货币政策事半功倍。

央行主动沟通，通过各种可能的途径将央行的经济态度、政策决策等信息传递给公众，让公众知晓和理解央行行为，这容易形成对未来经济的稳定预期。经济预期稳定减少了经济不确定性，货币政策效果更为显著。Milani 和 Treadwell（2011）考察了预期到的与未预期到的货币供给冲击对产出和通货膨胀波动的影响，发现预期到的与未预

期到的货币供给冲击对通货膨胀波动有显著影响。庄子罐等（2012）认为预期冲击是中国经济周期波动最主要的驱动力，预期冲击可以解释超过70%的产出、消费、投资和资本存量的波动现象。央行沟通在影响公众预期上具有显著作用，而预期又对经济运行具有显著的影响，所以央行通过沟通引导好公众预期能有效地提高货币政策的有效性。

相比于利率、再贴现率等一般性的货币政策，央行沟通（发布货币政策报告、举办新闻发布会、高层领导讲话、专业人士评论和解读政策措施等）可以作为一项长期的货币政策来引导公众预期，起到提高和强化货币政策有效性的作用。

五、预期视角下的货币政策传导途径

货币政策的传导是货币经济学非常重要的一项课题，迄今研究成果已十分丰富，如表4-2所示。这些分析都是从实体经济的角度来理解货币政策传导的内在机制，未突出公众预期行为的作用。

表4-2 不同学派和理论的货币传导渠道

凯恩斯主义	货币供给→利息→投资→国民收入
托宾Q理论	货币供给→利息→股票价值→Q比率→投资→国民收入
M理论	货币供给→金融资产收益→持久收入→消费→国民收入
信贷渠道	货币供给→银行流动性→贷款→投资→国民收入
资产负债	货币供给→股票价值→资产负债→贷款→投资→国民收入

费雪效应强调预期通胀对名义利率一对一的影响。Marshall认为如果货币供给增加是已知的，那么人们将预期随后的需求扩张，从而使价格的变化更快发生。Wicksell在《利息与价格》中阐释，若利率低于自然利率，商家预期获得超额利率将增加投资，消费者会增加消费，导致生产要素和商品价格上升。根据Keynes的资本边际收益率，除了利率外使得货币政策产生效果的一个关键因素是人们的资本边际效率，它体现人们的价格预期。而根据Friedman的货币理论，各类资产的预期回报率变动对货币需求产生影响，货币供给与需求影响货币价格——利

率。理性预期认为政府所要做的事情就是保持经济政策不变取信于民，避免人们预期不确定造成市场不必要的波动。新凯恩斯主义认为信贷市场的利率机制和配给机制会同时起作用。综合以上观点，能否从预期的视角来看货币政策的传导机制呢？为此，这里设计了存在公众预期影响作用的货币政策传导机制，如图4-15所示。

图4-15 货币政策的传导机制中的公众预期影响作用

考虑到公众的投资消费等经济行为都建立在对未来预期的基础上，所以央行所采取的任何策略都将通过各种渠道反映到公众的预期上，并由此影响公众的投资与消费。在此思路下，预期视角下的货币政策传导机制为：央行的各种政策策略和工具施行对公众、银行等的预期产生影响，在预期调整中信贷、消费和投资均发生了变化，这些变化最终影响到实体经济实现央行的经济目标。

因此，央行可以通过引导公众预期，实现对公众信贷、消费和投资等经济行为的影响，进而实现其政策主张，达到调节经济的目的。

第四节 逆周期调节预期的货币政策成效

根据理性预期学派的观点，人们具有理性预期，央行任何的货币政策都将被世人所知晓并采取措施抵消。理性预期实现的两个必要条件，一是理性预期，自身的经济体验和上一章的实证分析都说明了理性预期很难达到，即便是经过学习训练的专家也难以做到理性预期；二是市场机制需要充分发挥作用，各种商品、要素的价格因供求变动实现均衡。历史经验说明，预期会顺经济周期波动产生推波助澜的作用，正是由于这两个必要条件难以实现，使得逆周期管理依旧是现阶段央行主要政策制定的思路。

一、透明沟通引导预期保持经济长期稳定

20 世纪 90 年代初，在新西兰、加拿大、英国、瑞士、芬兰、以色列和西班牙等一些西方国家相继采取了一种被称为"通胀目标制"的货币政策。通胀目标制是一种货币政策框架，是预期管理中的一个重要尝试和理论进步。

Bernanke 等在《通货膨胀目标制——国际经验》一书中，分析了采取通胀目标制的九个西方工业化国家，对比采取通胀目标制的前后变化和应对经济冲击的能力。根据 Bernanke 的研究，虽然通胀目标制在降低反通胀成本上并没有表现出明显的优势，但是不论是基于预期调查数据还是基于利率差数据都证明了采用通胀目标制确实降低了通胀预期，并且其通胀水平会比过去经验推测的要好，在产出重新增长过程中通胀上涨比预期要低。Habermeier 等（2009）认为采用通胀目标制的国家比其他国家在最大程度上降低 2007 年商品价格飙升引发的通胀影响方面表现得更好。Scott Roger（2010）认为部分证据表明，通胀目标制能够吸收重大经济冲击。通胀目标制并不能完全实现反通胀目的，获得公众信任才是关键。施行通胀目标制后，货币政策可信度随着时间的推移逐渐被公众认可，通胀预期水平缓慢地降到官方的通胀目标区间内。取得信任后，目标制所带来的好处开始逐渐显现，即便是在高通胀下预期也能维持在较低水平，这为反通胀措施增效提供充分的保障。

1997 年亚洲金融危机后，各国央行和主要货币组织开始注重货币政策透明度对稳定经济的作用和影响。国际货币基金组织认为某些国家政策不透明是导致危机爆发的主要原因，在 1999 年 9 月发布了相关准则来明确央行在施行货币政策过程中坚持透明度的做法①。根据准则解释，透明度包括央行货币政策的目标、检验、决策、结果和数据信

---

① IMF 在 1999 年 9 月发布了《货币和金融政策透明度良好行为准则》。

息与工作职责等。

透明度与经济信息不对称相伴，增加货币政策透明度就是建立在信息对称基础上来保证央行与公众的有效沟通和共同理解。显然，透明度是央行向市场发出的展现其信念和工作状况来稳定经济的一种政策，它有别于以往的货币政策。公开市场业务、存款准备金和道义劝说等是央行管控经济的常规性政策工具，在决策和施行过程中充满明显的"神秘感"，公众通常并不知道央行为什么要采取如此政策，更不能预知采取的时间、方式和程度等。"神秘感"政策使得市场猜不透央行的工作意图，辨不清市场经济状况，无形中增加了市场不确定性。提出央行应增加透明度正是为了弥补这些方面的不足和缺陷，让公众及时了解市场运作的情况和理解央行所采取的管理措施，稳定市场预期，减少市场不确定性。

央行增加透明度具有积极效果。①有助于提高声誉克服货币政策的动态不一致。透明度体现央行的政策信用，制约央行的随意性，抑制央行的通胀倾向。②引导市场预期。Stefano（2005）曾经指出货币政策透明度在稳定公众预期方面有着举足轻重的作用。预期对经济的作用不可忽视，如果增加透明度可以引导市场预期避免不必要的经济波动，那么这就是透明度的关键作用。③降低通货膨胀水平。在信息透明下，央行的决策行为和经济状况被公众充分知晓，市场预期稳定而清楚，有利于预期锚定而避免通胀抬头。在 2002 年，Chortareas 等（2003）利用 Fry 等央行调查数据，对 87 个国家五年间的通胀水平和央行透明度进行分析，发现通胀水平与透明度呈现出负相关关系，央行政策决策越透明通胀水平越低。

透明度之于货币政策有效性的重要作用正逐渐被认可，学术界对"透明度"的关注集中体现了央行与公众之间沟通的重要性。公众渴望了解市场经济变化状况，渴望了解央行对经济形势的判断，渴望明白央行的决策目的和效果，渴望经济在央行的调整下稳定有序。央行政策透明对满足公众的渴望避免市场不确定起到关键作用。央行通过增加透明度引导公众预期、取得公众支持、稳定经济利益。当然，部分学者认为央行增加透明度可能存在消极效应，如可能降低社会福利，过度透明导致公众过度反应等。

二、宏观审慎防止群体非理性引发非理性繁荣

"动物精神"容易导致预期非理性，造成经济出现不确定性从而导致经济的大幅波动，催生市场"非理性繁荣"最终造成经济危机爆发。政府当局不应小觑公众本能冲动中负面能量的不良后果——群体非理性预期，在经济政策中需要考虑到"动物精神"中的种种群体非理性行为，利用相应的政策工具和方法来引导和控制人们的"动物精神"，防止因群体非理性导致经济过热和剧烈波动。

2008年的经济危机对货币经济理论的重要提示之一就是宏观审慎。相对于微观审慎关注个体金融机构的安全稳定，宏观审慎更关注整个金融系统的安全稳定。其核心是从宏观的、逆周期的视角防范由金融体系顺周期波动和跨部门传染导致的系统性风险，维护货币金融体系稳定。公众预期具有顺周期的特点，在经济向好时看好未来经济，产生增加投资消费的预期，在个体欲望不断自我膨胀和强化下，出现群体非理性预期和行为，最终导致资产泡沫积累和破灭；在经济向坏时对未来经济预期下降，公众预期处于预期陷阱中，投资消费低迷，经济深陷萧条泥潭无法自拔。宏观审慎在逆周期防患金融体系波动中需要将公众预期作为一个重要的经济影响因素加以甄别和管理。

在群体非理性预期出现的时候，央行的货币政策需要积极应对防止造成严重的非理性繁荣。在非理性繁荣出现的初期，尽量通过货币工具、媒体宣传和有效沟通来引导公众预期，让市场回归理性。在非理性繁荣已经有一定的发展后，央行应该注意到其恶性发展后的可能风险，采取积极措施并配合其他政策（如财政政策和行政手段等），多管齐下共同控制。央行给予市场更多的风险提示，让公众预期到市场风险已经在积累，从而改变其经济行为，避免公众预期粘附在"向好"信念上造成非理性繁荣的进一步发展。当出现严重非理性繁荣时，经济泡沫针挑即破，要采用审慎的政策小心翼翼地挤出泡沫，避免市场预期突变导致泡沫瞬间破灭造成危机爆发。当危机已经爆发，也应尽

量让经济在平缓中着陆。从各国应对 2008 年经济危机的经济策略上看，经济软着陆比硬着陆给经济带来的影响要小一些。央行在经济危机爆发后，保持市场足够流动性能化解相当部分的金融风险，必要时，由政府出手挽救个别对经济有重大影响的企业，更能避免金融风险像滚雪球一样越滚越大。

　　宏观审慎管理典型例子，就是对 2016 年之后的中国房地产市场的调控工作，这也是预期管理在宏观审慎管理中运用的典型案例。2015 年底，中央经济工作会议对 2016 年经济社会发展特别是结构性改革任务提出具体措施，要求"去产能、去库存、去杠杆、降成本、补短板"，即所谓的"三去一降一补"。在央行积极努力下，有力地化解房地产库存问题，促进房地产业持续发展，避免可能出现在房地产市场的系统性风险。可惜的是，在搞活化解房地产库存问题的同时，房地产市场却又悄然掀起一场购房热潮，各地房价在 2016 年出现高歌猛进。因此，2016 年底，中央经济工作会议首次提出，此后又多次强调坚持"房子是用来住的，不是用来炒的"定位，有关部门接连出台"房企融资、购房者信贷"等方面的配套政策，抑制房地产市场的投机行为。

　　中央经济工作会议提出"房子是用来住的，不是用来炒的"定位，从本质上否定了房子的金融属性。党中央关于"房住不炒"的定位无疑提高和增强了央行房地产政策的权威性，市场容易形成一致预期。失去金融属性的房子，自然失去未来上涨的预期，因此，人们逐渐回归理性，房地产市场也逐渐回归正常。在抑制房地产市场的投机行为过程中，中央经济工作会议前后几年，多次强调坚持"房住不炒"的市场定位，对稳定市场预期起到关键作用，当然相关中央部委出台相关政策指导地方政府不遗余力地推行和促进健康房地产市场的举措也是十分关键。例如：财政部在 2022 年 9 月发文特别指出"严禁通过举债储备土地，不得通过国企购地等方式虚增土地出让收入，不得巧立名目虚增财政收入，弥补财政收入缺口"[①]。

---

　　① 参见财政部印发《关于加强"三公"经费管理严控一般性支出的通知》（财预〔2022〕126 号）。

当然，让人们对房地产投资回归理性因素还有 2020 年人口普查数据的出炉，2020 年出生人口较 2019 年相比减少了 462 万①，呈现出断崖式下跌。近些年，我国人口出生率一直处于低位，出生人口大幅下降，失去人口支撑，城市房价显然失去上涨动能。城市发展离不开人口增长和发展，房地产市场更是依托于此。当人们清醒地认识到情况严重性后，对房地产市场预期因此逐渐回归理性，炒房热潮逐渐降温，房价也逐渐回落。这些，都是宏观审慎管理的体现，更是预期管理的体现。

三、重塑预期帮助经济尽早跳出萧条泥潭

根据 Keynes 的流动性陷阱理论，当利率水平降低到不能再低时，人们的货币需求弹性就会变得无限大，此时无论央行向市场投入多少货币都会被人们储存起来。面对流动性陷阱货币政策失效，政府当局的选择只剩财政政策了。但是，应对次贷危机的诸多措施中，量化宽松的货币政策再次展示了其惊人的作用，帮助美、日、欧等快速复苏经济。

美联储前主席 Bernanke 上台后，极力推行"量化宽松"的货币政策，从 2008 年以来一共采用四次量化宽松政策。在 2008 年 11 月 25 日开始了首轮量化宽松，美联储公布购买机构债和抵押贷款支持证券（MBS）；在 2010 年 11 月 4 日宣布第二轮量化宽松，并计划于 2011 年 6 月前收购 6000 亿美元长期国债；在 2012 年 9 月 14 日宣布第三轮量化宽松，把超低利率政策延长至 2015 年 6 月，月采购 400 亿美元 MBS；2012 年 12 月 13 日宣布推出第四轮量化宽松，把月采购国债增加到 850 亿美元。在美联储持续超低利率、补充和释放流动性的量化宽松政策下，美国经济在 2009 年 GDP 增长率从 -3.07% 恢复到 2010 年的 2.39%，并在此后两年内维持在 2% 左右（2011 年 1.81%，2012 年 2.21%）。美国国内失业情况严重，但趋势向好。2009 年、2010 年美国失业率分别为 9.3%

---

① 参见国家统计局网站。

和 9.6%，而在 2011 年、2012 年失业率下降到 9.0% 和 8.1%。在经济迅速恢复的同时，量化宽松政策是否带来了高通胀水平？美国居民消费品价格指数（2005 年 = 100），2009 年 109.0%，2010 年 111.7%，2011 年 115.2%，2012 年 117.6%[①]。通胀水平缓慢提高，但仍在可控可接受范围内。面对 2007 年金融危机，美国采取量化宽松的货币政策使得经济增长恢复，其成功的关键就在于促使了美国经济尽快走出金融危机泥潭的同时将通胀水平维持在一个较低的可接受范围内，毕竟摆脱经济危机位于工作的首要位置。

从以上分析可以看出，2008 年美国所采用的量化宽松的货币政策在走出流动性陷阱中起了关键作用，那么无效的货币政策是怎样起效的呢？首先，由于美国债务上限的限制，财政政策已然没有操作空间，因此应对危机仅剩美联储的货币政策。其次，如果美元超发，那么债务货币化不但可以化解金融机构债务危机，让其看到希望恢复信心，而且可以借助美元霸权地位向全球输出美元，获得廉价商品和劳务，让美国经济迅速复苏。美联储的量化宽松货币政策，既改变了美国经济衰退预期，又改变了美国经济衰退的事实。那么事情的关键就在于，印发多少货币了。Bernanke 的做法是量化，即有步骤有计划地印发货币，既让市场知晓美联储超发货币计划，逐渐改变市场预期，又让国内市场和国外市场有时间消化超发货币带来的麻烦。

进一步从预期的视角来思考这个问题时，情况变得明朗起来。其实，货币政策并没有改变人们的流动性偏好，而是改变了人们的经济预期。在危机来临时，市场的流动性偏紧，并不是流动性真的不足而是预防性动机占了上风，公众采取"现金为王"策略，减少对房地产、股市等的投资。在积极财政政策的支持、强有力的金融体系背景下和建立起来的稳定经济信任，Bernanke 选择了积极的货币政策，通过四次量化宽松和美元在国际市场上的相对贬值来不断强化人们积极向好的经济预期，用可以接受的通胀率换得美国经济的快速复苏。

不同于 Keynes 对流动性陷阱的解释，Krugman（1998）强调了预

---

① 参见《2013 年中国统计年鉴》。

期在流动性陷阱中的作用，认为流动性陷阱是因名义利率已经为零（或接近零），此时基础货币和证券被私人部门视为完美的替代品，因此常规的货币政策不起作用。李拉亚（1991）用"预期陷阱"来解释流动性陷阱，他认为流动性陷阱的核心问题是预期和信心，这对于没有实行利率市场化的中国更为重要。这正如 Woodford（2005）所认为的，货币政策的制定类似于策略制定，是政策实施中的目标路径步骤。Eggertsson（2008）用预期管理理论重新解释了美国如果摆脱 1929 年危机，他认为政策成功的关键点是管理未来经济预期。Bernanke 对 1929 年大危机和日本 1990 年以来的危机做了大量研究，他对日本政府应对 1990 年危机的评论和他应对美国经济危机的政策来看，可以认为他认同预期管理维持货币政策有效。此次，Bernanke 积极的货币政策是具有深谋远虑的政策策略，而不仅仅是工具的运用。关于货币政策是策略而不是工具的论述我们将在下一章加以分析。

预期在经济周期性波动中能顺周期推波助澜，造成经济波动性变大不确定性增强，所以如果能实现对预期采取逆周期管理，一是延长经济平稳增长期，二是克服经济非理性繁荣，三是塑造预期摆脱经济萧条，就能更好地实现经济长期稳定增长，这正是货币政策在经济管理中所积极努力的目的。

第五节　本章小结

本章所提及的预期主要指通胀预期，通胀预期的重要性在于人们会因通胀预期形成最基本的经济预期，这就决定了人们的经济主张。在经济周期性波动中，通胀预期粘在较低水平可增加产出，在经济快速增长中容易形成群体非理性预期从而导致资产泡沫，在泡沫破灭经济萧条时，会出现预期陷阱让经济深陷泥潭。

在不同的预期机制下，经济学家对菲利普斯曲线的认识会有差异，其所持的货币政策观点也不一样。在粘性预期视角下，菲利普斯曲线会随着人们预期的变化而呈现出顺时针旋转状态。实证分析发现菲利普斯曲线确实有旋转现象，而旋转的大小、方向和位势不仅与人们的预期有关，也与政府的经济政策有关。积极货币政策在避免经济衰退的同时，由于人们的预期没有向好，所以容易造成经济滞胀，这导致了菲利普斯曲线呈现逆时针旋转。

货币政策的传导是货币经济学非常重要的课题之一，迄今研究成果丰富。笔者认为，在重视从实体经济角度理解货币政策传导内在机制的同时，不能忽略预期行为的作用。由于人们的投资消费等经济行为都是建立在其对未来经济预期的基础上，所以央行的货币政策都将通过各种渠道反映到人们的预期上并影响其经济行为，最终使实体经济受到影响，从而实现央行的政策目标。

结合本章的研究结果，笔者认为逆周期调节预期将提高货币政策的成效。一是加强透明沟通，引导预期保持经济长期稳定增长；二是宏观审慎，防止群体非理性引发资产泡沫和经济危机；三是当经济萧条时重塑预期，帮助经济尽快跳出萧条泥潭而恢复生机。

第五章

预期管理与货币政策效率

第一节 预期管理

一、传统与现代的预期管理

20 世纪 90 年代，一些西方发达国家开始采用公开透明的货币政策，主要的政策形式是通胀目标制，而亚洲金融危机后，增加政策透明度成为央行工作的新重点。显然，通胀目标制和增加透明度的货币政策与以往的货币政策存在明显的不同，前者通过展示央行的政策意图来稳定通胀稳定经济，而后者采取意外的货币政策来获得额外产出增长。从神秘的货币政策走向公开透明的货币政策，开启了央行预期管理的新时代。

(一) 传统的预期管理

根据李拉亚（2011）的划分，20 世纪 90 年代央行货币政策从神秘转向透明是传统预期管理向现代预期管理转变的根本性区分，"附加预期的菲利普斯曲线模型把通货膨胀预期、通货膨胀、经济增长率（或失业率）联系在一起，是 20 世纪七八十年代预期管理早期概念的理论基础。……我们不妨把这一阶段的预期管理理论统称为传统预期管理理论，……"①

附加预期的菲利普斯曲线是传统预期管理理论的基础。只有没被公众知晓的通货膨胀才可以创造额外产出，所以货币政策总是带有神秘性。在获得额外产出的同时也给经济带来了副作用——增加了公众

---

① 李拉亚．预期管理理论模式述评 [J]．经济学动态，2011（7）：113–119.

预期的不确定性。在公众预期推波助澜下,经济波动中隐含的风险不断积累和强化,最终将给未来经济带来隐患。经典经济学教科书上提到的货币政策工具(如货币供给、利率等)可以被认为是传统的预期管理模式。此时决策者将经济视为一台机器,货币政策工具是这台机器的各种原料,当改变这些原料的数量和比例时,机器将给出不同的产出、就业和物价水平等。这些货币政策工具在改变经济变量的同时也转变公众的预期,从而促使公众经济行为变化并最终引起经济变化。传统的预期管理在附加预期的菲利普斯曲线中被解释和运用。

(二) 现代的预期管理

理性预期学派的预期观点导致了现代预期管理模式的出现,理性预期理论认为公众的预期理性,任何企图的货币政策都会被公众所知晓并及时调整应对,所以货币政策无效,央行应该采取公开透明的政策以稳定经济。政策透明能稳定公众预期减少因预期导致的经济不确定性。而新兴的粘性预期理论认为,公众的预期存在不确定性、异质性和非线性,所以预期管理的关键是协调公众的异质预期,讲究的是政策策略,办法是信息沟通。现代预期管理理论在肯定传统预期管理理论成效的同时,认为增加透明度、较强信息沟通和讲究政策策略等能起到引导、协调甚至重塑公众预期的效果,这在稳定经济应对危机中能发挥出巨大作用。Morris 和 Shin (2008) 认为央行在预期引导和管理上的观念变革引发了对货币政策的思考——货币政策的核心问题是管理和协调预期。

正如前文所述,预期存在异质不同的人群会有不同的预期,它们在各自的经济信念中做出各种各样的经济行为,货币政策效果因此大打折扣。央行协调公众预期就是在政策出台前后增加宣传力度,让公众知晓当前的经济形势和政策施行的可能效果与步骤。说服尽可能多的人理解和支持政策施行,避免公众采用抵制央行政策的对策,降低政策的副作用。这一过程需要建立必要的协调机制,如定期的央行政策说明、定期的未来经济预测通报等。让公众可以方便地观察到央行的预期,让公众建立对央行的信任,使得央行预期顺利成为公众预期。

央行要注重与公众的交流和沟通，这是弥补公众信息不足和协调公众预期的一种重要方式。严格遵守既定的通胀目标来稳定物价水平稳定经济，让公众看到了央行的政策信念和将会采取的措施，这仅仅是央行通过通胀目标制向公众传递的政策信号，对公众预期状况和反应央行并不知晓。相类似地，增加透明度也是一种单方向的政策信号传递。故通胀目标制和增加透明度只是单向的央行政策意图自我展示，没有考虑到公众预期反应的重要性。央行注重与公众的交流和沟通，则是一种双向的预期管理思想。央行要认真听取公众的意见，了解公众的预期变化，及时和公众沟通赢得公众的支持和配合。与公众沟通是一个博弈行为需要讲究政策策略，在充分听取公众意见的基础上，需立场坚定旗帜鲜明，不能被公众所左右。

讲究政策策略是现代预期管理的根本特征。传统的预期管理中政策相机抉择施政神秘不透明，现代预期管理认为采用政策策略有助于政策的可预知性，有利于引导公众预期。经济的不同状态会有不同的经济目标，这决定了政策目标会有侧重点，所以政策施行仍要有政策规则，在政策规则下调整政策目标重心。政策策略就像是制定战略策略一样，需要考虑政策实施中的目标、路径和步骤。这要求央行在既定的政策目标下，设计具体的政策路径，预知每个政策路径下可能的经济调整状态，计算具体的施政步骤，明确每一政策步骤后所要达到的经济目标。政策策略必须是公开透明的，在与公众沟通时央行要重点介绍政策策略、政策目标、政策路径、政策规则和步骤，让政策可预知，让公众预期可协调。

二、经济目标框架下的预期管理内容

各个国家都有其所面临的经济状况和环境，不同的时期其经济目标也不一样。经济目标框架是指一国根据其经济状况和环境，并在未来的一段时间内有策略地选择使用各种经济政策措施，逐步实现其经济目标的一种整体构架。其经济学内涵与弹性通胀目标制、目标型政策规则相类似，经济目标框架强调不同经济状况下的产出、就业和物价等多目标的相互均衡，在开放的经济中还需要考虑国际收支平衡目标等。

根据经济所处的客观环境，经济目标框架的内容可以分为常规环境和非常规环境两种情况。在常规环境中，经济目标以经济稳定增长为主；在非常规环境中，经济目标以摆脱危机跳出萧条为主。经济目标框架下，预期管理的内容将有不同。

（一）非常规环境下的预期管理

预期管理如何让经济走出危机并不是本书研究的主要内容，但是叙述其关键思想有助于理解预期管理主旨。

Keynes 认为面对流动性陷阱货币政策无能为力只能靠财政政策，这些观点被写进了经典的经济学教科书。Krugman 否认财政政策对走出流动性陷阱的作用，如果公众理解财政政策支出将在未来通过税收弥补，则他们会增加储蓄以应对未来税收增加，这抵消了财政政策的作用。Krugman 重新审视 Keynes 的流动性陷阱，认为如果价格存在一定粘性，则在短期中货币扩张将增加产出并造成通胀水平提高。Krugman建议让公众相信央行的货币增发将造成通货膨胀，那么货币政策将因改变公众的通胀预期使得经济从流动性陷阱中跳出来，从而摆脱危机束缚。当然这一政策只能是暂时的。Krugman 利用了公众的通胀预期来走出流动性陷阱是一种思想创新，为应对经济危机提供新思路。那么这种新思路有效吗？或许美国面对 2007 年金融危机所采取的"量化宽松"的货币政策效果可以给予足够的启示。

自 2008 年以来，美联储共采用 4 次量化宽松，在持续超低利率和不断释放的流动性刺激下，美国经济得到迅速恢复。2010 年的美国经济，一举扭转了 2009 年的颓势，GDP 增长率从 -3.1% 提升到 2.4%，并在此后年份始终维持在 1.5% ~ 2.9%；失业率在 2011 ~ 2012 年也下降到 9.00% 以下。量化宽松货币政策并未带来恶性通胀反噬，2009 ~ 2012 年消费品价格指数环比控制在 2% ~ 3%，属于相对温和的通胀水平。可见，美国对内采取量化宽松货币政策，对外采取促进美元贬值的策略，重塑市场预期，使得美国经济快速恢复。

（二）常规环境下的预期管理

常规环境下，预期管理提高货币政策有效性的核心思想是协调公众预期、设计政策策略和公开透明充分沟通。

1. 协调异质预期

根据粘性预期理论，异质预期是预期的一个重要特点，协调预期就是协调公众的异质预期。微观个体在收集处理信息、学习、信念、文化和心理等方面上存在不同，导致个体预期行为差异。央行应该协调公众的不同预期，引导其向央行政策方向和目标靠拢，最终与央行预期相一致。高阶预期是指预期他人的预期，其思想源于凯恩斯选美概念。①高阶预期容易导致预期形成的复杂化，影响群体达成共识的效率。Woodford（2002）噪声模型中认为决策者的价格决定是依赖于其他人的价格，即决策者的价格预期是以他人价格预期为预期的，这显然是高阶预期。Morris 和 Shin（2002；2008）也认为公众在做决策时不会仅仅考虑自己的预期，也会考虑别人的预期，甚至更高阶的预期，如考虑别人是否考虑了别人的预期。预期的阶数越高，预期的成本越大。为了降低预期成本公众选择具有公共特征的央行预期是一种简单可行的方案，这个方案可否成功关键是看央行预期的准确度和可信性。央行如果具备较高的独立性、透明度和积极沟通，显然可以强化其预期的准确度和可信性。

如何才能实现预期的趋同呢？Morris 和 Shin（2008）的太阳黑子比喻很有说服力，其主要观点如下：假设太阳黑子与通胀存在一定关系，太阳黑子活动强时公众通胀预期高，反之公众预期低。由于公众只要一抬头就可观察到太阳黑子的状况，那么太阳黑子就成为公众判断未来通胀水平的指示器。当公众对太阳黑子具有共同知识、定义和理解时，太阳黑子就可以起到协调公众通胀预期的作用。协调预期的关键是公众获取相同的信息并且有共同知识和理解。央行在协调预期

---

① Keynes 在《就业、利息和货币通论》设计了一场选美比赛，比赛规则是谁的选择结果与全体评选人平均爱好最接近谁就获胜。选出自己认为的最美者不一定能获胜，只有选出其他人所认为的最美者才能获胜。

时要做到：一是告诉公众当前的经济状况和缘由，二是给出未来经济目标和央行预期，三是围绕央行预期施行货币政策协调公众预期，四是与公众沟通了解公众反应并调整策略。

2. 设计政策策略

传统的货币经济理论将货币政策视为一项工程，央行根据经济状况选择使用货币政策工具调节经济；如今的货币经济理论将货币政策视为一种政策策略，央行施行货币政策的主要目的是协调公众预期实现经济目标。Woodford（2005）认为，货币政策制定类似于策略制定，政策目标依实际经济问题的变化而变化。通胀目标制是固守既定的目标不变，而预期管理不固守某个目标允许根据经济状况采取动态目标。实现政策策略的关键除了动态目标外，就是实现目标的具体步骤。具体政策策略中，包括了经济目标、沟通策略和透明度等。目标框架是一种策略，是为了实现既定经济目标设定相关的政策步骤和时间表，并根据可能的经济波动给出相应对策。政策策略的关键一是逆周期，二是协调预期，三是实现步骤。美联储分四次量化宽松的货币政策是一种策略体现，分为四次量化宽松既从货币供给上实现了根据市场状况给予充分的流动性，在公众的心理预期上又可以有四次的预期强化作用。配合与美元下跌出口增加等其他经济方面的利好，让市场信心逐渐恢复、市场预期得以重塑，经济得以好转。

政策策略选择要注意公众可能采取的对策。中国有句老话——上有政策下有对策，在政策选择上需要事先对可能的公众反应有所估计，对其可能采取的对策有所了解，并提前制定对策方案，这样才不至于对公众反应估计不足导致政策无法施行到位，或是政策被公众绑架央行不得不接受公众的预期，达不到引导和协调公众预期的目的。这点同样适用于地方政府的反应。当选择积极经济政策来刺激经济时，宽松的货币政策让地方政府可以因此获得更多贷款投资建设，在盲目乐观下地方政府的融资额度往往超出其财政极限，导致地方债务高筑，留下金融风险隐患。

货币政策策略不仅要求不同的货币政策间相互印证协同促进，在具体的政策实施过程中还需要其他经济政策的帮助，这有利于强化和稳定公众预期。比如，在财税政策上给予相同方向的支持，避免方向相反的政策相互干扰，让公众无法看清经济政策方向，减少政策副作用。当然，不同经济政策的协同作用也需要审慎地开展，不能让过度的财政刺激政策造成难以控制的货币泛滥局面。

3. 公开透明充分沟通

20 世纪 90 年代，西方发达国家开始选择放弃神秘不透明的货币政策，转向公开透明的货币政策。从采取通胀目标制的新西兰、德国、瑞士、南非和澳大利亚等国家的货币政策实践来看，通胀目标制稳定公众预期降低通胀上的成效不可否认。IMF 认为货币政策不透明是导致危机爆发的主要原因，在《货币和金融政策透明度良好行为准则》中明确货币政策过程中坚持透明度的做法。公开透明都体现了央行对公众预期的重视，希望尽量将货币政策决策、操作等方面的信息传递给公众，以引导和协调公众预期朝着对央行有利的方面发展，减少货币政策的施行成本，提高有效性。

到了 2000 年，特别是金融危机爆发后随着现代预期管理理论的发展，货币政策在继续讲究公开透明的同时强调与公众的双向沟通。央行与公众的沟通是影响预期最为直接和有效的工具。在沟通中，央行了解到公众的预期状况、倾向和根源，也将其对经济的判断传递给公众。异质预期下，公众通过自我学习向专家学习向央行学习，经过不断的纠正错误，异质预期向理性的预期收敛，预期趋同达到央行引导预期的目的。央行沟通中有两点需要注意：一是需要吸收专家的预期纠正自身预期错误，提高央行的预期正确性和权威性；Kohn 和 Sack（2003）认为如果央行具有良好的预期信誉，市场会特别看重央行的经济预期。二是需要有坚定的经济立场和政策倾向，公众反馈信息可能被夸大以争取央行发布有利于自己的货币政策，应注意避免被公众预期所"绑架"。具体的沟通内容主要包括对经济现状的解释、对经济目标的解释、对现有政策的解释和对未来的政策展望。Woodford（2005）认为公众不仅要知道央行正在做的，更要预期到央行将要做的。

三、与透明度、目标制的联系和区别

预期管理是近年来提出的货币政策思想，与透明度、通胀目标制之间既有联系又有区别。

预期管理和透明度要求一样，希望央行可以增加信息披露稳定市场预期，避免"神秘"的相机抉择带来不必要的经济波动；预期管理较透明度进步的是预期管理更重视央行与公众的沟通，而不仅仅是自身信息披露。信息披露是一种单方面透明，假设央行将自己的管理决策毫无保留地告诉公众，公众还是有可能不理解央行，产生不确定预期和情绪还是会造成经济波动。沟通就是一种双向的信息传递，一方面央行积极增加信息披露提高透明度，另一方面央行诚恳地向公众解释当前的经济形势、决策依据、过程和效果并及时了解公众反应，公众反馈信息将成为央行下一步决策的依据。

通胀目标制是以一种固守目标的货币政策，央行根据经济形势给出未来通胀的具体目标并努力将通胀稳定在该目标范围内。通胀目标制也注重透明度，其关键特点是给出具体目标更有利于稳定公众预期，而目标具体固定不变也成为绊倒自己的绳子。预期管理与通胀目标制的关键性区别是：它允许央行根据经济的不同状况设置动态目标。经济运行中，不同时期有不同经济状况因而有不同经济目标，预期管理也应不同。预期管理根据经济状况变化设置不同的目标，并管理公众预期改变其行为。

央行从增加透明度到采取通胀目标制都体现了对预期的重视程度正不断提高，这些举措都是预期管理的一部分。透明度是被动的预期干预措施，央行只是利用增加透明度来向公众展现更多信息；目标制是一种预期的引导措施，它也是通过增加透明度来干预引导公众预期，但它还体现了央行的行为信念，这点是透明度所没有的。在具体表现上，目标制希望能将预期稳定在一个较低的位置水平以便使通胀水平也控制在低位。而预期管理希望通过各种工具和策略让公众预期配合经济政策施行实现事半功倍的目的。尤其在应对经济危机陷阱时，预

期管理也可能调高通胀预期水平，重塑预期改变公众信念从而为逆周期经济政策提供更为合适的预期配合。

第二节　央行管理通胀与管理预期的效用比较

一、公众和央行的通胀效用函数

（一）公众的通胀效用函数

假设公众对通胀的效用函数如式（5-1）所示：

$$U_r = -\mid \pi - \pi^e \mid + \pi^* \tag{5-1}$$

公众的效用函数取绝对值的经济意义是如果通胀预期不能等于实际通胀水平，无论是高于还是低于实际通胀都将给公众带来效用损失。显然，如果公众调整通胀预期使自身效用程度最大，应该使式（5-1）的 π^e 一阶条件等于 0，则公众效用最大化为 $\pi^e = \pi$。

（二）央行的通胀效用函数

在 Romer《高级宏观经济学》的货币政策动态不一致性分析中引用了 Kydland 和 Prescott（1977）的经典经济模型，如式（5-2）所示。

假设：卢卡斯供给曲线：

$$y = \bar{y} + b(\pi - \pi^e), \quad b>0 \tag{5-2}$$

y 是产出对数，$\bar{y}$ 是价格可变时产出水平的对数。

社会福利是关于产出和通货膨胀的二次函数，央行获得最大效用将最小化式（5-3）所示：

$$L = \frac{1}{2}(y - y^*)^2 + \frac{1}{2}a(\pi - \pi^*)^2, \quad y^* > \bar{y}, \quad a>0 \tag{5-3}$$

将式（5-2）代入式（5-3）中，可以得到：

$$L = \frac{1}{2}\left[\bar{y} + b(\pi - \pi^e) - y^*\right]^2 + \frac{1}{2}a(\pi - \pi^*)^2, \quad y^* > \bar{y}, \quad a>0, \quad b>0$$

$$(5\text{-}4)$$

令式（5-4）求 π 的一阶条件等于 0，则解得：

$$\pi^e = \pi + \frac{a}{b^2}\pi - \frac{a\pi^*}{b^2} + \frac{(\bar{y} - y^*)}{b} \tag{5-5}$$

以上是央行通过调整实际通胀率 π 来达到社会福利损失最小。

二、央行管理通胀与管理预期的比较

如果央行改变货币政策制定标准——盯住实际通胀水平 π，而是通过调整公众的通胀预期 π^e 来达到社会福利损失最小，即对式（5-4）的 π^e 求导并等于零。为方便区分式（5-2）～（5-5）的通胀预期，对式（5-4）的 π^e 求导后的通胀预期记为 $\dot{\pi}^e$，则式（5-4）变为：

$$L = \frac{1}{2}\left[\bar{y} + b(\pi - \dot{\pi}^e) - y^*\right]^2 + \frac{1}{2}a(\pi - \dot{\pi}^e)^2, \quad y^* > \bar{y}, \quad a>0, \quad b>0$$

$$\frac{\partial L}{\partial \dot{\pi}^e} = \frac{1}{b}\left[\bar{y} + b(\pi - \dot{\pi}^e) - y^*\right] = 0$$

$$\dot{\pi}^e = \frac{1}{b}(y - y^*) + \pi \tag{5-6}$$

$$\therefore y^* > \bar{y}, \therefore \dot{\pi}^e - \pi = \frac{1}{b}(\bar{y} - y^*) < 0$$

对于央行来说，调整公众的通胀预期并使通胀预期小于实际通胀水平，将使央行得到最大效用满足。

将式（5-6）代入式（5-5）中，可以得到：

$$\pi^e = \dot{\pi}^e + \frac{a}{b^2}(\pi - \pi^*) \tag{5-7}$$

分析式（5-7）可以发现：若 $\pi > \pi^*$，则 $\pi^e > \dot{\pi}^e$；若 $\pi < \pi^*$，则 $\pi^e < \dot{\pi}^e$。这说明当实际通胀水平 π 高于央行设定的最佳通胀水平 π^* 时，以管理实际通胀下的公众通胀预期 π^e 要高于管理通胀预期下的公众通胀预期 $\dot{\pi}^e$。比较式（5-1）和式（5-6），可以发现央行效用最

大化是公众通胀预期小于实际通胀 $[\ \dot{\pi}^e = \frac{1}{b}(\bar{y} - y^*) + \pi$ ，因为

$\frac{1}{b}(\bar{y} - y^*) < 0$ ，所以 $\dot{\pi}^e < \pi\ ]$ 。而公众效用最大化是通胀预期等于实际

通胀（ $\pi^e = \pi$ ）。显然，央行与公众效用最大化下的通胀预期存在差异。

π^e 波动性要大于 $\dot{\pi}^e$ 波动性，为通过管理预期来控制通胀提供了思路。根据第三章的研究，通胀预期是诱导实际通胀的重要因素，通胀预期与实际通胀存在相互作用。短期中预期对通胀有单向的 Granger 因果关系，长期中通胀对预期有单向的 Granger 因果关系。通胀预期与实际通胀的相互影响表现出短期偏离和长期稳定的关系。因此，将通胀预期看作控制实际通胀的提前量，通过引导和控制公众的通胀预期可以反作用于通胀，起到平滑通胀波动的作用。

央行为实现社会福利损失最小，在不创造意外通胀的情况下，可利用货币政策来管理协调公众通胀预期，使通胀预期小于实际通胀水平从而实现产出增加。据此，采用博弈分析范式来讨论央行如何在货币政策制定中，利用协调通胀预期对实际通胀进行管理。

第三节　预期管理中的央行预期反应规则研究

一、央行对公众预期反应规则的新思想

央行对公众预期的反应规则是当前预期管理研究的课题之一，这不同于根据宏观经济变量选择政策工具的传统货币政策思路。

在传统货币政策思路，货币政策被视为一台机器，央行需要什么就往机器中放入相应数量的原料（如降低多少利率、投放多少货币等），经过机器创造得到相应的产品（低通胀或低失业等）。传统方法的好处是央行对政策工具权重基本了解，投入多少货币或是提高多少利率将带来经济出现多少的变化，这些都有预先答案。这样，货币政

策的效果在各种货币工具的轮番上阵之后显现出来，但是这样的货币政策思想中缺乏了一个重要环节——没有考虑公众的反应。①一项货币政策可以研究其历史经验总结其施行的效果，似乎掌握了调整经济的窍门，但是就像人们并不满足于吃药可以缓解病痛，还想了解药物对机体怎样产生作用让病痛减轻。对预期的重视，人们开始认识到各种经济政策都是通过预期行为变化来传导和改变经济的。所以，如果能够了解预期、引导预期和管理预期，使得公众与央行预期一致，配合其经济政策，达到事半功倍的目的。或许有一天央行会发现，经济衰退时要启动经济可以不需要大量货币，抑制市场投机泡沫也不需要大量的收缩流动性。

公众预期具有不确定性，相同货币政策很可能引起不同的行为反应。公众预期与其他宏观经济变量不同，公众预期反应的模型参数非线性所以没有预先的答案，讲究的是群体心理的反应和这种心理预期的引导与管理。央行需要根据预期反应情况调整政策方向和力度，逐渐引导和影响公众预期，让公众预期行为与央行一致，央行在公众预期配合下实现其动态的经济目标。

公众预期具有顺周期的特点，在经济繁荣时公众预期积极，在消费、投资等方面表现活跃；在经济萧条时公众预期消极，在消费、投资等方面表现沉闷。公众这种顺周期行为对经济管理很不利，容易导致出现经济泡沫或预期陷阱，让经济逆周期调节政策效果大打折扣。然而，要避免公众顺周期行为面临着几个问题：一是预期粘性，公众预期具有粘性，当央行判断经济过热采取降温政策时公众仍旧看好当前形势，不认同央行的降温政策；二是利益冲突，央行需要把握全局主要考虑长远利益，而公众从各自利益出发追求个人收益增加；三是央行具有权威，央行对经济判断要正确，采取的措施合理，施行步骤清楚到位。这几个问题不能单靠市场机制来调节，需要从博弈规则上来思考。央行对公众预期反应的博弈规则有助于协调公众的预期，维护央行的权威和可信度实现利益统一，赢得公众配合从而实现央行经

---

① 李拉亚. 逆周期调节政策规则的机制设计 [Z]. 经济研究, http://www.erj.cn/cn/gzlw.aspx？m＝20100921113738390893, WP428, 2013-02-07.

济目标。

预期管理的实践尚处于起步阶段，央行应重视公众预期在经济保持稳定促进增长中的关键作用，灵活运用多种宏观调控手段引导和协调通胀预期，以期提高经济管理效率。因此，建立央行对公众预期反应博弈模型，探讨在完全信息静态和非完全信息动态条件下，央行如何根据公众预期制定货币政策保持经济稳定发展，这有别于央行根据宏观经济变量制定货币政策的传统思路。

二、央行对公众预期反应的静态博弈

（一）模型假设

（1）π_t 是第 t 期的实际通胀率；π^* 是央行每一年公布的最优通胀率，$\pi^* \geqslant 0$，π_t^e 是公众预期的第 t 期通胀率，央行可以观察到 π_t^e，并根据 π_t^e 决定下一期通胀水平 π_{t+1}。

（2）央行与公众的支付都以 10 为基本量，根据央行和公众对第 t 期的通胀率 π_t 相对于 π^*、π_t^e 高低情况来设计增加或减少支付。

（3）如果公众能够预期到未来的实际通胀率，央行增加货币发行量并不能给产出带来实质性的增长，只有未预期到的通胀水平才能增加产出，此时央行的效益增加，反之减少。通胀对产出有正效应，央行偏好于这种效应的增加，但是如果公众预期大于实际通胀水平或是央行公布的最优通胀率 π^*，都将给央行带来压力，如舆论压力等，此时央行的效益将相应减少。

（4）如果公众的通胀预期大于实际通胀率，将提高市场价格以便降低通胀给自身带来的损失，此时公众效益增加，反之减少。央行每年公布的最优通胀水平将成为共同的知识，也体现了央行和公众对通胀水平的忍受度，实际的通胀率和预期的通胀率超过最优通胀水平都将给央行、公众带来效益的损失。

根据以上假设，设计央行与公众对于 π_t、π_t^e 和 π^* 的支付表，如表 5-1 所示。

表 5-1　央行与公众对于 π_t、π_t^e 和 π^* 的支付表

央行			公众		
通胀情形	支付	情况说明	通胀情形	支付	情况说明
$\pi_t > \pi_t^e$	+3	产出获意外增长	$\pi_t > \pi_t^e$	−2	预期偏低，调整价格带来的收益小于通胀造成的损失
$\pi_t < \pi_t^e$	−2	产出未获意外增长反而减少	$\pi_t < \pi_t^e$	+2	预期偏高，调整价格带来的收益高于通胀造成的损失
$\pi_t = \pi_t^e$	0	未能带来产出的意外增加	$\pi_t = \pi_t^e$	0	正确预期，调整价格带来的收益等于通胀造成的损失
$\pi_t^e > \pi^*$	−3	公众的通胀预期高，社会舆论压力增加	$\pi_t^e > \pi^*$	−2	预期高于公布的最优通胀水平，公众不满情绪增加
$\pi_t^e < \pi^*$	+1	公众的通胀预期低，社会舆论压力降低	$\pi_t^e < \pi^*$	+1	预期低于公布的最优通胀水平，公众感到满意
$\pi_t^e = \pi^*$	0	未能带来产出的意外增加	$\pi_t^e = \pi^*$	0	正确预期，调整价格带来的收益等于通胀造成的损失
$\pi_t > \pi^*$	+1	总体经济效益大，但是社会舆论压力大			
$\pi_t < \pi^*$	−2	总体经济效益小，但是社会舆论压力小			
$\pi_t = \pi^*$	0	未能带来产出的意外增加			

(二)　博弈均衡分析

根据表 5-1 央行与公众对于 π_t、π_t^e 和 π^* 的支付情况，构建央行和公众的完全信息静态博弈，如表 5-2 所示。

表 5-2 央行和公众的静态博弈

博弈双方		央行		
		$\pi_t = \pi^*$	$\pi_t > \pi^*$	$\pi_t < \pi^*$
公众	$\pi_t = \pi_t^e$	10 $\pi_t = \pi_t^e = \pi^*$ 10	8 $\pi_t = \pi_t^e > \pi^*$ 8	11 $\pi_t = \pi_t^e < \pi^*$ 9
	$\pi_t > \pi_t^e$	9 $\pi^* = \pi_t > \pi_t^e$ 14	6 $\pi_t > \pi_t^e > \pi^*$ 11 9 $\pi_t > \pi^* > \pi_t^e$ 15 8 $\pi_t > \pi^* = \pi_t^e$ 14	9 $\pi^* > \pi_t > \pi_t^e$ 12
	$\pi_t < \pi_t^e$	10 $\pi^* = \pi_t < \pi_t^e$ 5	10 $\pi^* < \pi_t < \pi_t^e$ 6	13 $\pi_t < \pi_t^e < \pi^*$ 7 12 $\pi_t < \pi^* < \pi_t^e$ 6 10 $\pi_t < \pi_t^e = \pi^*$ 3

根据假设和表 5-2 的设计，央行拥有行动优势，可依上期的经济运行情况提出下一期通胀预期目标 π^*，在了解公众的通胀预期 π_t^e 情况下，控制 π_t 使得央行达到效用最优。均衡情况如下：

（1）如果公众的通胀预期等于实际通胀 $\pi_t^e = \pi_t$，则央行的最优反应为 $\pi_t = \pi^*$，此时央行得到最大的支付 10，均衡状态为（10，10）。

（2）如果公众的通胀预期小于实际通胀 $\pi_t > \pi_t^e$，不论 π_t 和 π^* 的

关系如何，央行支付均是大于 10。此时央行最优反应为增加货币供应使得 $\pi_t > \pi^* > \pi_t^e$，并获得为 15 的最大支付。此时央行的决策将让实际通胀水平大于公布的最优通胀水平。

（3）如果公众的通胀预期大于实际通胀 $\pi_t < \pi_t^e$，不论 π_t 和 π^* 的关系如何，央行支付均是小于 10。可见公众预期高于实际通胀，央行的损失较大。此时央行最优反应为减少货币供应使得 $\pi_t < \pi_t^e < \pi^*$，并获得为 7 的最大支付。

通过上述讨论，说明在完全信息条件下，央行可以将公众通胀预期 π_t^e 作为货币政策调控依据，根据通胀预期 π_t^e 来决定货币供给量增减，从而制造不同的通胀水平来促进经济增长。

当 $\pi_t^e = \pi_t$，央行的最优反应是保持货币供应量不变，使得 $\pi_t = \pi^*$；

当 $\pi_t^e < \pi_t$，央行的最优反应是增加货币供应量，使得 $\pi_t > \pi^*$；

当 $\pi_t^e > \pi_t$，央行的最优反应是减少货币供应量，使得 $\pi_t < \pi^*$。

完全信息条件毕竟是一种理想状态，为进一步分析预期在货币政策制定中的作用，将构建信号博弈模型来探讨央行对公众预期行为反应规则的不完全信息动态博弈。

三、央行对公众预期反应的动态博弈

央行和公众所拥有的信息显然是非对称的，央行拥有更多的信息和更强的信息处理能力。假设央行知道公众的通胀预期，并根据自身对经济形势的判断来调整下一期货币供应量从而制造不同通胀水平。央行既要考虑制造一定市场通胀以保持经济增长也要考虑到公众对这一通胀水平的忍受力，以免过高的通胀水平带来社会舆论等压力的增加。公众不知道央行的真实情况，但是可以根据央行的货币供应量（或是实际通胀）来修正通胀预期。央行和公众之间动态博弈过程可以表示为：央行根据公众的通胀预期来安排货币供应量进而制造下一期的通胀水平，公众根据央行当期的货币供应量（或是实际通胀）判断进而做出下一期的通胀预期。这种不完全信息情况符合信号博弈的特点，下面将用信号博弈理论来讨论央行与公众在不完全信息条件下的动态博弈行为。信号博弈的均衡解有三类：混同均衡、分离均衡和准分离均衡。

（一）信号模型假设

此模型包括以下几项关键要素：信息不对称；央行是理性的，具有信息的绝对优势，知道公众的通胀预期，并决定下一期的通胀水平；公众对通胀预期的判断将随货币供应量的变化而调整（为方便阐述这里假设公众主要观察到的央行信号为货币供给量变化，其实其他形式的信号，如沟通，也可以改变公众预期）。

信号发送者，央行；信号接收者，公众。信号博弈模型如图 5-1 所示。

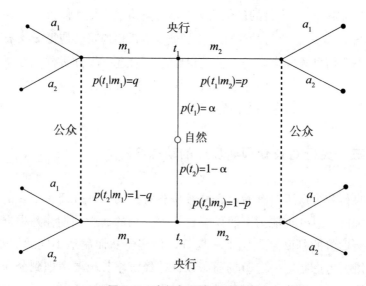

图 5-1　央行与公众信号博弈

（1）自然根据特定概率 $p(t_1, t_2)$，从可行类型中赋予信号发送者央行类型 t_1 或 t_2，$p(t_1, t_2) > 0$，$p(t_1) + p(t_2) = 1$，t_1 或 t_2 对应央行在经济控制中的状态，假设 t_1 为更为重视经济增长，t_2 为更为重视物价稳定。假设：$p(t_1) = \alpha$，$p(t_2) = 1 - \alpha$。

（2）信号发送者央行观测到 t_1 或 t_2，从可行的信号集中（m_1，

m_2）中选择 m_1 或 m_2。假设 m_1 为增加货币供应量，m_2 为减少货币供应量，则央行依据 t_1 或 t_2 的状态决定增加或减少货币供应量来调整实际通胀水平。

（3）信号接收者公众观测到 m_1 或 m_2，从可行行动集（a_1，a_2）中选择 a_1 或 a_2。选择 a_1 表明公众将提高预期并使预期高于通胀水平，此时，$\pi^e - \pi > 0$；选择 a_2 表明公众将降低预期并使预期低于通胀水平，此时，$\pi^e - \pi < 0$。公众依据 m_1 或 m_2，决定提高通胀预期或是降低通胀预期。

（4）在央行选择 m_1 时，公众判断是 t_1 的概率是 q，判断是 t_2 的概率是 $1-q$。在央行选择 m_2 时，公众判断是 t_1 的概率是 p，判断是 t_2 的概率是 $1-p$。当公众判断为 t_1，选择 a_1；当公众判断为 t_2，选择 a_2。

（二）信号博弈均衡

央行与公众信号博弈均衡结果如表5-3所示。

表5-3 央行与公众信号博弈分析结果

状况		分析
央行与公众分离均衡	央行选择［（t_1，m_1）、（t_2，m_2）；］公众选择［（m_1，a_1）、（m_2，a_2）］	经济政策选择的理想化状态，央行和公众均配合良好。$q=1$，$p=0$
央行混同均衡	无论自然选择 t_1 还是 t_2，央行只选择 m_1	央行政策选择极端状态，央行不以经济状态来决定货币政策，公众无所适从公众只选择 a_1，$q=1$
	无论自然选择 t_1 还是 t_2，央行只选择 m_2	央行政策选择极端状态，央行不以经济状态来决定货币政策，公众无所适从。公众只选择 a_2，$p=1$

续表

状况		分析
央行准分离均衡	自然选择 t_1，央行只选择 m_1 自然选择 t_2，央行可以选择 m_1 或是 m_2	显然，这种情况下央行是偏向于重视经济增长 在自然选择 t_2 下： 当 $q > \dfrac{2\alpha}{1+\alpha}$，央行选择 m_2 的概率大于选择 m_1 的概率，公众选择 a_2。当 $q < \dfrac{2\alpha}{1+\alpha}$，央行选择 m_1 的概率大于选择 m_2 的概率，公众选择 a_1。当 $q = \dfrac{2\alpha}{1+\alpha}$，央行选择 m_1 或 m_2 等概率，央行、公众均随机选择均衡
	自然选择 t_1，央行可以选择 m_1 或是 m_2 自然选择 t_2，央行只选择 m_2	显然，这种情况下央行是偏向于重视物价稳定 在自然选择 t_1 下： 当 $p > \dfrac{\alpha}{2-\alpha}$，央行选择 m_2 的概率大于选择 m_1 的概率，公众选择 a_2。当 $p < \dfrac{\alpha}{2-\alpha}$，央行选择 m_1 的概率大于选择 m_2 的概率，公众选择 a_1。当 $p = \dfrac{\alpha}{2-\alpha}$，央行选择 m_1 或 m_2 等概率，央行、公众均随机选择均衡
公众混同均衡	不论央行选择 m_1 还是 m_2，公众都只选 a_1	公众选择极端状态，公众不再以央行政策行为来做判断。 无论央行是 m_1 还是 m_2，公众都只选 a_1 是因为自然只选择了 t_1，不存在 t_2 的情况
	不论央行选择 m_1 还是 m_2，公众都只选 a_2	公众选择极端状态，公众不再以央行政策行为来做判断。 无论央行是 m_1 还是 m_2，公众都只选 a_2 是因为自然只选择了 t_2，不存在 t_1 的情况
公众准分离均衡	央行选择 m_1，公众选择 a_1； 央行选择 m_2，公众可以选择 a_1 或是 a_2	当央行选择 m_2 时，调节市场 p、α 之间的关系，使得公众选择 a_1 或是 a_2，起到控制公众预期的目的。当 $p > \alpha$，公众会选择 a_1；当 $p < \alpha$，公众会选择 a_2；当 $p = \alpha$，公众可以随机选择 a_1 或 a_2
	央行选择 m_2，公众选择 a_2； 央行选择 m_1，公众可以选择 a_1 或是 a_2	当央行选择 m_1 时，调节市场 p、α 之间的关系，使得公众选择 a_1 或是 a_2，起到控制公众预期的目的。当 $q > \alpha$，公众会选择 a_1；当 $q < \alpha$，公众会选择 a_2；当 $q = \alpha$，公众可以随机选择 a_1 或 a_2

从表5-3可以看出，存在几种在理性状态下是不可能出现的极端情况，如央行混同均衡状态和公众混同均衡状态。公众准分离均衡状态将具研究价值，因为央行可以根据公众的预期情况，通过向市场发出各种经济信号调整 p、α 之间的关系，引导和调整公众预期实现其经济政策意图。

公众通胀预期取决于对央行类型的判断，当央行表现为重视经济增长时，公众提高通胀预期；当央行表现为重视物价稳定时，公众降低通胀预期。央行要引导公众的通胀预期，不仅需要显示自己的类型更需要向公众证明自己的类型，这将使央行选择更低的通货膨胀作为代价。加强与公众信息交流有利于央行显示自身的类型从而降低公众预期的不确定性，让公众产生对央行有利的通胀预期。由于通胀预期与实际通胀存在相互影响作用，通过适当的政策行为向公众传递信息，引导公众通胀预期进而影响实际通胀，达到提高货币政策效率的目的。简而言之，央行根据公众通胀预期状况来决定未来的货币政策，释放可置信的信号向公众充分显示自身的类型，从而协调公众预期提高货币政策效率保持经济稳定增长。

综上所述，央行对公众预期的反应规则不同于根据宏观经济变量选择政策工具的传统货币政策思路。央行高度重视公众预期行为，释放置信信号引导形成合理预期，让公众预期配合政策来保持经济稳定和增长。

第四节 粘性预期下的货币政策
有效性实证研究

近年来，由于能清晰描述经济主体决策行为并构建经济总量行为方程，细致刻画经济长期均衡状态及短期的动态调整过程，实现了微、宏观经济分析的完美结合，动态随机一般均衡建模技术（DSGE）正日益受到研究者的青睐。用动态随机一般均衡模型来研究预期与宏观经济关系将比一般数量模型分析更有效更直观：首先，避免了"卢卡斯批判", 预期体现经济人微观行为, 研究预期对宏观经济波动影响, 将使得宏观经济波动研究具备了微观经济基础; 其次, 动态随机一般均衡技术强调使用校准、贝叶斯估计和模拟等方法进行宏观经济模型数量分析, 从而能更为清楚地观察预期冲击的传导机制。

一、预期冲击与理论模型

(一) 预期冲击

"News Shocks" 被译为 "预期冲击" 或是 "新息冲击", 其基本含义为预期 (新息) 通过改变经济人的信念来影响经济人的均衡配置改变其运行。预期冲击具有如下特点: 一是经济人现在获得与未来经济发展状态相关的新信息; 二是预期冲击不影响现在或过去经济状况, 只影响未来经济状况。Fujiwara 和 Shintani (2008) 采用贝叶斯技术, 分析比较了在全要素生产力中引入预期冲击对美国和日本的影响。预期冲击对美国的影响要大于日本, 预期冲击在更大的范围内影响名义变量, 并让全要素技术效率变得模糊。Schmitt-Grohe 和 Uribe (2008) 构造包含贝叶斯估计的动态一般均衡模型, 分析了预期冲击在美国的商业周期波动中的贡献, 发现预期冲击可以解释其 2/3 以上的预测波动。Milani (2010) 认为 "乐观" 和 "悲观" 的冲击, 尤其是关于未来的预期是引发商业周期波动的主要来源。在标准新凯恩斯模型的基础上引入预期变量, 利用美国 1968~1998 年的商业数据进行贝叶斯估计, 实证分析认为预期冲击解释大约一半的商业周期波动, 而需求、供给和政策冲击解释剩下的一半。Milani 和 Treadwell (2011) 认为, 不可预期的冲击对产出的影响小且时间短促, 而可预期的冲击影响大且时间持久。Khan 和 Tsoukalas (2012) 则持相反观点认为不可预期冲击比可预期冲击在消费、投资和产出中更占优势, 他们使用美国 1954~2004 年的季度数据和贝叶斯估计技术构造了一个包含摩擦和预期冲击的动态一般均衡模型, 发现不可预期冲击是经济发展的主导, 可预期冲击只能解释不足 15% 的产出增长。

在国内，研究经济冲击影响的文献较多，但分析预期引发的经济冲击鲜见。盛斌（1998）在开放和资本完全流动的 IS-LM 模型嵌入了预期冲击的概念，论述了短期内价格和产出固定时，预期和非预期的政府政策变化所引起的价格、汇率和产出的调整变动情况。刘金全和云航（2004）选择狭义货币供应量 M1 同比增长率和银行同业拆借利率作为货币政策指标，建立多元 VAR 模型估计可预期与不可预期货币政策的动态冲击反应。盛斌和刘金全均用到了预期冲击概念，但并不等同于"News Shocks"，真正使用"News Shocks"概念的是王晓芳、庄子罐。王晓芳和王彦军（2012）采用与 Milani 和 Treadwell（2011）相似的方法，建立动态随机一般均衡模型，考察了预期到的与未预期到的货币供给冲击对产出和通货膨胀波动的影响。分析发现，预期到的与未预期到的货币供给冲击对通货膨胀波动有显著影响，但对产出波动的影响偏小。庄子罐等（2012）利用中国数据建立动态随机一般均衡模型探讨预期冲击驱动经济波动的机制及其动态特征，分析认为预期冲击是改革开放以后中国经济周期波动最主要的驱动力，预期冲击可以解释超过 70% 的产出、消费、投资和资本存量的波动。

现有文献在预期冲击研究中，首先，都以新凯恩斯模型为基础，均在理性预期的条件下展开讨论，未涉及新兴的粘性预期理论；其次，预期冲击设计较为简单，未能较为真实地描述和刻画各种可能的预期冲击类型。在 Reis（2009）粘性信息动态一般均衡 SIGE 模型中嵌入预期冲击，分析不同类型的预期冲击与经济波动的作用关系。

（二）预期冲击数学模型

预期冲击可以分解为可预期冲击和不可预期冲击。不可预期冲击与一般经济冲击的经济统计学含义一致，可预期冲击代表那些经济信息在 t 期之前就被经济人收集发现并影响其心理信念，但这种影响只在 t 期才起作用。由于这种冲击在 t 期之前已经被经济人收集发现所以这种冲击隐含了预期效果，故称为预期冲击。式（5-8）、式（5-9）描述了这个过程。

假设某外生冲击变量 x_t，满足：

$$x_t = \rho x_{t-1} + \eta_t^x, \quad \eta_t^x \sim i.i.d. N(0, \sigma_x^2) \tag{5-8}$$

$$\eta_t^x = \mu_t^o + \phi \mu_{t-1}^1 + \phi^2 \mu_{t-2}^2 + \phi^3 \mu_{t-3}^3 + \cdots + \phi^n \mu_{t-n}^n \tag{5-9}$$

其中，μ_t^o 表示不可预期冲击，$\mu_{t-1}^1 + \mu_{t-2}^2 + \mu_{t-3}^3 + \cdots + \mu_{t-n}^n$ 表示可预期冲击，一般情况下 n 取值在 1~12 期，表示提前 n 期被经济人发觉而产生的预期冲击。为方便计算，假设各预期冲击之间相互独立，即 $E\mu_{t-i}^i \mu_{t-j}^j = 0$，$(i, j = 0, 1, \cdots, n)$。

在实际经济环境中，经济人对各期经济冲击的反应不可能是均等的，会存在离决策期近的冲击反应大，而对已经久远的预期冲击反应小，ϕ 表示预期冲击消减比率（通常取 $0 \leqslant \phi \leqslant 1$）。为模拟随着时间推移预期冲击会快速消减的情况，这里假设 ϕ 的作用以几何级数衰减。这样随着时间推移，过于久远的预期冲击将不会影响到现在的经济决策。引入预期冲击消减比率将减少预期冲击对经济影响程度，避免将经济波动过多归咎于预期冲击，造成分析结果与事实情况出现巨大偏差，让模拟结论更接近实际。如果 $\phi = 1$，不存在预期信念随着时间推移出现消减的情景，这等于增强了预期冲击力度；如果 $\phi = 0$，则不存在可预期冲击，市场上只有不可预期冲击。当然也可能有 $\phi > 1$ 或 $\phi < 0$ 的情况，这就产生了正向强化或逆向调节预期的情况，但是必须注意模型的稳定性。预期冲击消减比率是粘性思想在预期冲击分析中的延续。

由于引入预期冲击，冲击期数越多模型计算量越大，如取 $n = 4$，则第 $t+4$ 期经济人预期：

$$x_{t+4} = \rho_x^4 x_{t-1} + \rho_x^3 (\phi \mu_{1, t} + \phi^2 \mu_{2, t-1} + \phi^3 \mu_{3, t-2} + \phi^4 \mu_{4, t-3}) +$$

$$\rho_x^2 (\phi^2 \mu_{2, t} + \phi^3 \mu_{3, t-1} + \phi^4 \mu_{4, t-2}) + \rho_x (\phi^3 \mu_{3, t} + \phi^4 \mu_{4, t-1}) + \phi^4 \mu_{4, t}$$

$$\tag{5-10}$$

二、SIGE 模型设置

Reis（2009）构造了一个存在粘性信息的动态一般均衡模型 SIGE。SIGE 模型假设经济人因信息更新存在成本而处于疏忽状态，信息更新摩擦使得 SIGE 模型较粘性价格模型更能准确地描述经济波动。SIGE

模型中包括了三个市场：产品市场、债券市场和劳动力市场，其简化的线性对数方程如式（5-11）所示。

$$y_t = a_t + \beta l_t \tag{5-11}$$

方程（5-11）是生产函数，表明总产出 y_t 是生产率 a_t 和劳动投入 l_t 的函数，β 度量了劳动规模报酬递减的程度。

$$P_t = \lambda \sum_{i=0}^{\infty} (1-\lambda)^i E_{t-i}$$

$$\left[P_t + \frac{\beta(w_t - P_t) + (1-\beta)y_t - a_t}{\beta + \nu(1-\beta)} - \frac{\beta \nu_t}{(\nu-1)[\beta + \nu(1-\beta)]} \right] \tag{5-12}$$

方程（5-12）是粘性信息菲利普斯曲线（总供给曲线），价格水平由三部分组成，包括了边际成本、期望加成和过去各期对当期价格的预期。其中，λ 是 SIGE 模型中的关键性参数，表示经济人更新信息的概率。SIGE 模型假设所有经济人在任一期都可以调整更新信息，但不是所有人都愿意调整更新，这其中只有 λ 比例的经济人选择调整更新信息并做出新决定。而那些没有调整更新信息的（$1-\lambda$）比例的经济人仍然使用旧信息和维持原有的判断。通过引入 λ，SIGE 模型刻画了现实经济中信息传播放慢，经济人预期决策出现粘性的情景。（$w_t - P_t$）代表实际工资水平，第三部分实际边际成本将随着生产率上升而减少，随着实际工资和总产出上升而增加，而期望加成随着产品市场替代弹性品种 ν_t 的上升而减少。ν 度量了稳态时产品市场替代弹性。

$$y_t = \delta \sum_{j=0}^{\infty} (1-\delta)^j E_{t-j}(y_\infty^c - \theta R_t) + g_t \tag{5-13}$$

方程（5-13）是总需求曲线，即 IS 曲线。$y_\infty^c = \lim_{i \to \infty} E_t y_{t+1}$ 代表经济人的期望财富水平，显然提高未来财富水平将刺激经济人当期消费。

长期实际利率是名义短期利率 i_t 和价格水平的函数：$R_t = E_t \sum_{j=0}^{\infty} (i_t - \Delta P_{t+1+j})$，长期实际利率水平提高促使经济人增加储蓄延长消费。g_t 是总需求冲击，Ries 假设需求冲击来自政府购买支出，增加 g_t 将刺激产出。θ 是消费替代弹性，δ 是消费者信息的更新概率。显然，如果预期未来产出水平会增加，则经济人的期望财富价值提升进而增加消费，故较高预期的利率水平将增加储蓄和降低消费。

$$w_t = \omega \sum_{k=0}^{\infty} (1-\omega)^k E_{t-k}$$

$$\left[P_t + \frac{\gamma(w_t - P_t)}{\gamma + \phi} + \frac{l_t}{\gamma + \phi} + \frac{\phi(y_\infty^c - \theta R_t)}{\theta(\gamma + \phi)} - \frac{\phi\gamma_t}{(\gamma-1)(\gamma+\psi)} \right]$$

$$(5-14)$$

方程（5-14）是粘性信息工资曲线，决定了稳态时的劳动供给水平。劳动供给水平在过去对当期价格预期、实际工资水平、劳动就业 l_t 和期望财富 y_∞^c 提高时增加，在实际利率水平和劳动种类的替代弹性 γ_t 上升时减少。ϕ 是劳动供给的弗里希弹性，γ 为稳态时劳动种类替代弹性，ω 是劳动者信息更新概率。方程（5-14）定义了一个积极的收入效应：更高的财富价值导致更高的名义工资。提高利率会导致更高储蓄收益，因此增加人们工作激励，从而增加储蓄水平，而这反过来导致名义工资降低。

$$i_t = \phi_p \Delta P_t + \phi_y(y_t - y_t^c) - \varepsilon_t \tag{5-15}$$

方程（5-15）是央行采取的货币政策，满足泰勒规则。名义利率是关于通货膨胀 ΔP_t 和产出缺口（$y_t - y_t^c$）的函数，其中 y_t^c 度量了信息无粘性时的产出，此时经济人能迅速更新信息，ε_t 是货币政策的冲击。预期冲击嵌入此方程冲击中。

方程（5-11）~（5-15）定义了一个包含价格水平、名义利率、产出、工作时间和工资水平的动态随机一般均衡模型。Reis（2009）在这个均衡模型中嵌入五类冲击（生产率增长水平 Δa_t、政府购买 g_t、产品加成 ν_t、劳动市场加成 γ_t 和货币政策 ε_t），每个冲击均遵循一阶自回归过程，具体如下：

$$\Delta a_t = \rho_{\Delta a} \Delta a_{t-1} + \eta_t^{\Delta a}, \qquad \eta_t^{\Delta a} \sim i.i.d.\, N(0, \sigma_{\Delta a}^2)$$

$$g_t = \rho_g g_{t-1} + \eta_t^g, \qquad \eta_t^g \sim i.i.d.\, N(0, \sigma_g^2)$$

$$\nu_t = \rho_\nu \nu_{t-1} + \eta_t^\nu, \qquad \eta_t^\nu \sim i.i.d.\, N(0, \sigma_\nu^2)$$

$$\gamma_t = \rho_\gamma \gamma_{t-1} + \eta_t^\gamma, \qquad \eta_t^\gamma \sim i.i.d.\, N(0, \sigma_\gamma^2)$$

$$\varepsilon_t = \rho_\varepsilon \varepsilon_{t-1} + \eta_t^\varepsilon, \qquad \eta_t^\varepsilon \sim i.i.d.\, N(0, \sigma_\varepsilon^2)$$

其中，η_t^ε、η_t^γ、η_t^ν、η_t^g、$\eta_t^{\Delta a}$ 是五个冲击过程的随机扰动项，均服

从标准正态分布，均值为 0，标准差为 σ_x，$x = \varepsilon$、γ、ν、Δa、g。

三、参数校准和贝叶斯估计

动态一般均衡模型参数较多，主要采用校对法和贝叶斯估计法来设置参数。由于研究兴趣在预期冲击分析，在模型参数选择上主要参考金成晓等（2013）等文献中对中国粘性信息模型的参数估计结果。其中，更新信息的概率选择李颖等（2010）估计最优值 $\lambda = 0.4$；生产率取值 0.127 参考了刘斌（2010）；替代弹性的取值 6.079；$\theta = 1$，表明消费的效用为对数效用函数；假设工资每隔两个季度调整一次，则 $\omega = 1/2 = 0.5$；由于消费调整速度慢，假设消费调整期为两年，则 $\delta = 1/8 = 0.125$。由于研究的重点在预期冲击所造成的经济波动规律，故采用贝叶斯估计法对与预期冲击有关的参数和标准差进行估计，其中可观测变量选择通货膨胀率 π、产出水平 Y、7 天同业拆借加权平均利率 i 和财政购买 g。数据来源于中经统计数据库，时间跨度为 2000 年第 4 季度至 2013 年第 2 季度，相关数据经过计算得到可比的季度数据（其中，季度通货膨胀率通过月度数据计算得到），并采用季节调整法和 HP 滤波去除季节影响和波动影响，数据均取对数。

Dynare 是一款求解 DSGE 模型的软件包，软件基于 Matlab 平台可以求解、模拟和估计包含预期变量的非线性模型。由于 Dynare 建模程序设计简单直观，能自动完成多阶条件的泰勒展开，可以轻松实现最大似然方法或者贝叶斯方法估计，Dynare 已经成为 DSGE 建模的主要软件。实证分析中，模型模拟编程借鉴了 Verona 和 Wolters（2013）程序，嵌入预期冲击。考虑预期冲击对经济人决策行为的时效性，选择 $n = 4$，即认为 $t-4$ 期前的预期冲击对 t 期存在冲击影响。[①]

经 Dynare 计算，得到相关参数和预期冲击的标准差估计值，如表 5-4 和表 5-5。

---

① 笔者感谢 Dynare 开发和维护人员的辛苦工作，感谢 Dynare 论坛上德国网友 Jpfeifer 在程序上给予的修改建议。Dynare 网址 http：//www.dynare.org。

表 5-4　SIGE 模型参数校准和贝叶斯估计值

参数	先验均值	后验均值	波动范围		先验分布	标准差
ϕ_y	0.02	0.018	0.010	0.026	gamma	0.01
ϕ_p	0.4	0.432	0.387	0.480	gamma	0.05
β	0.35	0.106	0.100	0.112	beta	0.05
ϕ	2.0	2.322	2.224	2.434	norm	0.2
ν	6.0	7.166	7.070	7.281	norm	0.3
γ	3.0	2.962	2.895	3.017	norm	0.1
ρ_ε	0.8	0.768	0.742	0.790	beta	0.05
$\rho_{\Delta a}$	0.75	0.560	0.507	0.597	beta	0.05
ρ_g	0.75	0.952	0.942	0.961	beta	0.05
ρ_γ	0.65	0.647	0.607	0.694	beta	0.05
ρ_ν	0.5	0.467	0.428	0.499	beta	0.05

表 5-5　SIGE 模型预期冲击标准差的贝叶斯估计值

参数	先验均值	后验均值	波动范围		先验分布
预期冲击 1	0.110	0.049	0.031	0.067	inv_ gamma
预期冲击 2	0.110	0.110	0.056	0.166	inv_ gamma
预期冲击 3	0.110	0.050	0.028	0.076	inv_ gamma
预期冲击 4	0.110	0.035	0.023	0.048	inv_ gamma

　　表 5-4 是 SIGE 模型参数校准和贝叶斯估计值，可以看出各参数的后验均值与先验均值相差不大，只有 β 值的后验均值与先验均值差异较大，这可能与数据的处理和引入预期冲击有关。从表 5-5 可以看出，不同时期产生的预期冲击的标准差并不一致，这说明了不同预期冲击对经济的影响也不一样，在本书中，滞后 2 期的预期冲击影响最大，其他滞后期数的预期冲击影响都很接近。这说明了，滞后 2 期也就是半年内的预期对经济冲击反应较为强烈。

　　图 5-2 是预期冲击和部分贝叶斯估计先验分布和后验分布图。图 5-3 中（a）、（b）、（c）是不可预期冲击对产出 y、通胀 π 和市场价格 P 的冲击影响，而（d）、（e）、（f），（g），（h）、（i），（j）、 （k）、（l），（m）、（n）、（o）分别代表滞后1至4期的预期冲击对产出 y、通胀 π 和市场价格 P 的冲击影响。预期冲击在不同时期，对产出、通胀和价格冲击反应的波动规律基本一致，但所引起的反应程度不一，这与贝叶斯估计出来的各期预期冲击的方差值有关。随着滞后期数的增加，预期冲击对 y、π 和 P 的影响程度逐渐衰减为0。预期冲击对于 y 的冲击影响基本在第10期就已经结束了，而对于 π 和 P 的影响可以持续到第20期才基本结束，说明了预期冲击对通胀和市场价格影响更为持久。

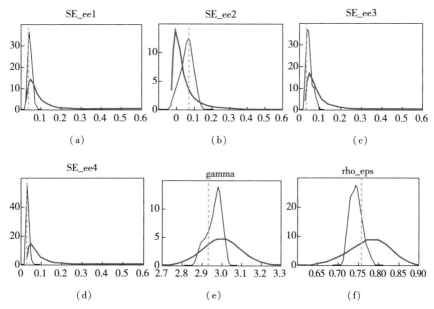

图5-2 预期冲击和部分贝叶斯估计先验分布和后验分布图

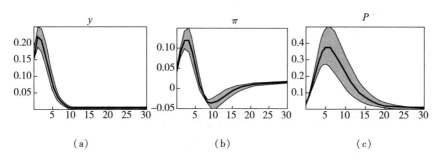

图5-3 预期冲击响应

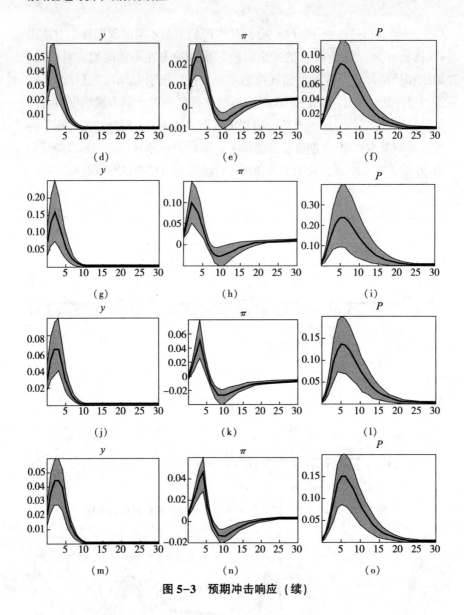

图 5-3 预期冲击响应 （续）

四、预期冲击对货币政策的成效分析

在预期冲击的模拟分析上，主要考虑货币政策中出现预期冲击的情形。预期冲击期数选择 $n=4$，即认为在第（$t-1$、$t-2$、$t-3$、$t-4$）期形成的预期冲击对第 t 期经济运行存在影响。根据上文对 SIGE 模型的校准和估计结果，为方便比较，可预期冲击与不可预期冲击的方差各为原来的一半，而有预期冲击的累计方差等于原来无预期冲击的方差。

首先，考虑仅在货币冲击方程中存在简单预期冲击的情况（经济人有无限记忆性，无预期消减情况），并与无预期冲击情况相比较。图 5-4 中，在不考虑预期冲击时，一个货币冲击造成产出水平一次波动，波动幅度在第 4 期幅度达到最大值 0.152，在第 10 期达到负值最大 -0.078，并于第 20 期后逐渐消失为 0。在考虑了预期冲击后，经济人对宏观经济运行判断将比无预期冲击时受到更多预期信念影响。由于预期冲击在第 t 期前已经形成，故经济人将认为这不是偶然采取的政策，而是会长时间存在的政策。为顺应经济政策，经济人将减少储蓄并相应增加消费或投资，所以实际产出水平将较无预期冲击的产量增加。

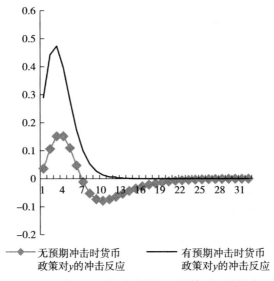

图 5-4　有、无预期冲击的货币政策对 y 的影响

在图 5-4 上表现为有预期冲击的扩张货币政策将带来更多产出，产出水平最大波动幅度增加了 0.321，而时间维度没有变化，说明由于存在预期冲击让扩张政策的效果更为明显。图 5-5 是可预期冲击与不可预期冲击对产出 y 的影响，可以看出可预期冲击对产出的影响是不可预期冲击影响的 1.24 倍，可预期冲击解释了近 55% 的产出波动行为。

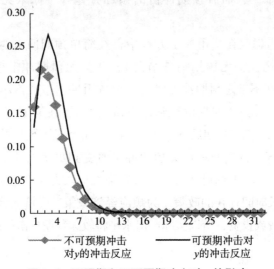

图 5-5　可预期和不可预期冲击对 y 的影响

　　图 5-6 揭示了预期冲击对通胀 π 的影响。从图 5-6 中可以看出，存在扩张政策的预期信念造成了通胀水平上升，在冲击上与无预期冲击同时期达到最大峰值 0.248，波动幅度增加 0.096 为无预期冲击时的 1.632 倍。通胀水平提高是预期冲击造成的，由于预期冲击与货币政策的冲击是一致的，所以这些冲击反应程度相互叠加，在效果上等于预期强化了货币政策冲击。预期信念放大了经济波动影响，扩张的货币政策将带来更大的扩张效果，紧缩的货币政策将带来更大的紧缩效果。图 5-7 展示了存在预期冲击的货币政策中，可预期冲击与不可预期冲击对通胀水平 π 的反应情况。两条曲线的相互叠加就是预期冲击对通胀 π 的影响。经比较，在对通胀 π 的影响中可预期冲击是不可预期冲击影响程度的 1.721 倍，可预期冲击解释了近 63.2% 的通胀波动反应。

　　另外，考虑存在预期冲击消减比率的情况。当引入预期冲击消减比率后，理论上预期冲击将随着时间的推延而被经济人淡忘，经济人心理预期的强烈程度降低，预期信念变得模糊。假设 $\phi = 0.70$。

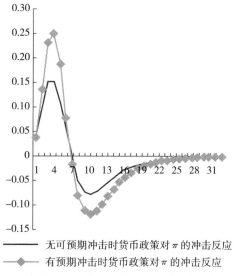

图 5-6 有、无预期冲击的货币政策对 π 的影响

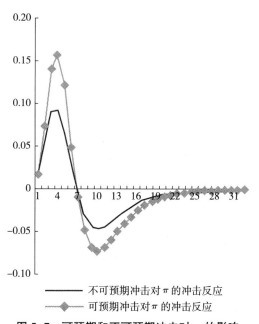

图 5-7 可预期和不可预期冲击对 π 的影响

从图5-8、图5-9中可以看出由于考虑预期冲击消减比率，无论是对产出 y 还是对通货膨胀 π 的冲击幅度变小了近1倍。这说明了经济人对预期冲击不具有很强的记忆性，随着时间的推移预期冲击的影响程度将逐渐消退。显然，如果让经济人产生较强的记忆性，预期信念将保留较大的冲击力，这时造成同向而不易消退的预期信念将提高政策运行效果。

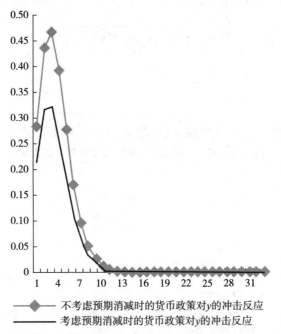

图5-8 有、无考虑预期冲击消减比率时的货币政策对 y 的影响

现在讨论如果预期冲击与货币政策反方向的情况。经济运行中存在这样情形，由于某种原因引发需求扩张造成价格上涨，货币量不断增加通货膨胀严重，这使得宏观经济运行出现危险，央行开始采用紧缩货币政策来积极应对。然而，此时经济人的预期却与货币政策反向，出现经济将持续扩张的心理信念。由于预期信念与货币政策反方向，央行需要面对一个逆向的预期干预和管理情况。模型设置上，逆向预期管理则采取将预期冲击的符号改为反方向的负号。图5-10、图5-11揭示了预期信念与经济政策反方向的情况。

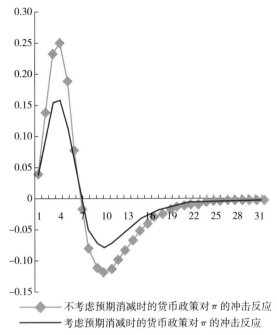

图 5-9　有、无考虑预期冲击消减比率的货币政策对 π 的影响

在图 5-10 中，顺方向的预期冲击对产出 y 仍是正方向，但采取逆方向调整预期后预期反方向，这时预期冲击造成产出 y 的减少，显然预期反方向的管理效果显著，改变宏观经济运行轨迹起到了逆周期调节的作用。同样道理，在图 5-11 中，逆方向的预期管理造成了负方向的通胀 π 反应，这将抵消来自其他经济冲击中的正方向冲击，具有降低通胀的作用。

模拟预期冲击对经济波动影响，在新兴粘性预期理论假设下预期冲击作用变得深远，更为准确地反映了预期信念对经济冲击的真实情况。预期影响经济，变化幅度和时间期限都与经济结构有关。冲击在 t 期之前已被经济人所察觉但在 t 期才发挥作用，所以冲击具有预期性质。不同类型的预期冲击对经济运行有不同的作用，可预期冲击约可以解释 3/5 的经济波动，不可预期冲击解释剩下 2/5 的经济波动。经济人的记忆性决定了预期冲击的反应程度，随着时间的推移预期信念会逐渐模糊和淡忘，冲击的清晰度和强烈性都将减退。

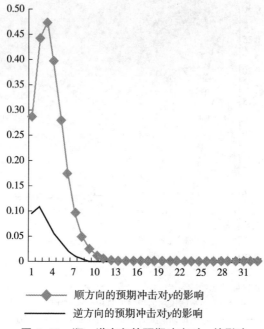

图 5-10　顺、逆方向的预期冲击对 y 的影响

　　从经济宏观管理角度看，管理好预期可起到控制经济运行的作用，这其中的关键就是控制好预期冲击消减比率。如果央行在管理中需要市场出现与政策同方向的预期，并使得预期消减速度放慢，可以采取教育、惩罚和宣讲等方法来提高消减比率增加预期冲击时效。如果央行不需要市场出现这种预期影响，也可以采用相同的方法来减少预期冲击降低预期效果影响经济。关于预期管理存在两种调整手段：一是采用强化（或弱化）预期，改变预期冲击消减比率来强化（或弱化）预期影响，实现干预预期稳定经济的目的（从这点来看，Bernanke 接连使用四次量化宽松货币政策就是为了重塑和强化预期）；二是采用逆向调整策略，在经济人出现与央行政策反方向的预期信念之后，根据经济运行目的逆向改变经济人的预期矢量实现对经济合理调整。对于后者，如大萧条后的信心培育就是逆向预期信念的养成。

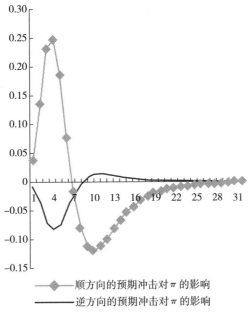

图 5-11　顺、逆方向的预期冲击对 π 的影响

第五节　本章小结

预期管理的理论和实践尚处于起步阶段，本章从三个方面展开关于预期管理与货币政策效率的讨论，概括全章有以下几点发现与启示：

第一，现代预期管理理论在肯定传统预期管理成效的同时，认为增加透明度、与公众保持沟通和讲究货币政策策略都能起到引导、协调甚至重塑公众预期的效果。这在稳定经济波动、应对经济危机中将发挥巨大作用。现代预期管理注重双向的信息沟通，而不仅仅是单向透明的自我展示；强调不同经济状态下的动态目标，而不是固守既定通胀目标。因此有了建立经济目标框架的想法，经济目标框架指一国根据其所处的经济状态和环境，制定诸如产出、就业和通胀等多目标平衡的经济框架，强调不同经济状态的多目标整体平衡性。

第二，本章建立了央行与公众预期反应的博弈模型，探讨完全信息静态和非完全信息动态条件下，央行如何根据公众预期制定货币政策以保持经济稳定的反应规则，这有别于央行根据宏观经济变量制定货币政策的传统思路。央行根据公众通胀预期状况来决定未来的货币政策，释放可置信的信号向公众充分显示自身的类型，从而协调公众预期提高货币政策效率，保持经济稳定增长。

第三，在 Reis（2009）SIGE 模型中引入预期冲击，采用动态随机一般均衡建模技术（DSGE），采取校准、贝叶斯估计等方法，进行宏观经济模型的模拟分析，观察预期冲击在货币经济中的传导机制和影响情况。模型实证分析显示，预期对经济系统影响显著，预期对通胀和价格的影响较其对产出的影响要持久。模型模拟分析显示粘性预期对货币经济影响显著，不同的预期方向和强度对货币经济产生不同的影响。因此，如果央行可以合理地管理公众预期，引导预期赢得配合，将提高货币政策效率。

第六章

我国预期管理的适应性分析与政策建议

2009 年 12 月 7 日的中央经济工作会议和 2010 年 3 月 5 日的《政府工作报告》都提出将"管理通胀预期"作为今后一个时期宏观调控的主要内容。新华社在 2013 年 9 月 26 日刊载了署名文章《世说中国策：从全球视角看中国的"预期管理"》指出新一届政府在经济工作中高度重视"稳定市场预期"。文章在国内官方主流媒体所转载引发热议。这是预期管理在中国的具有里程碑意义的三个事件。

目前，我国正处于经济增速的换挡期，在促进经济结构调整防范系统风险中，高度重视预期对经济的影响是应该的也是必须的。我国对货币政策预期管理的实践尚处于起步阶段，重视预期对经济的影响，加强对预期的衡量与调查，采取灵活政策手段引导预期进行前瞻性管理，有利于提高货币政策实施效果。

第一节　预期管理在我国的适用性分析

我国的政治经济国情与其他国家不同，具有鲜明的特征。西方国家许多成熟的货币经济理论效果可能很好，却不一定完全适合我国国情。例如通胀目标制在国外已经出现了二十余年，其整体成效也很显著，但是我国国情很难仅将通胀目标作为央行的唯一目标来执行。又如泰勒规则，泰勒规则操作简单效果明显，但是我国利率管制至今还未放开。从我国国情出发，分析认为预期管理比较适合我国政治经济对货币经济管理的要求。

一、预期管理符合我国货币政策目标多元化的要求

2003 年通过的《中华人民共和国中国人民银行法（修正）》中明

确规定我国的货币政策目标是保持货币币值的稳定，并以此促进经济增长。这意味着央行会根据国家的经济意图和目标，采取适度宽松的货币政策以保证经济稳定增长促进就业。当前，实现经济的增长仍旧是我国重要基本国策。央行在动用货币政策时，会考虑发挥菲利普斯曲线跷跷板的作用，让适当的通胀来换取经济增长满足就业需要。

货币政策目标多元化决定了治理通胀只是央行目标之一，而不是唯一目标。如新西兰等国家采取通胀目标制来严格管理货币经济控制通胀在我国显然不合适。预期管理可以适用于我国经济稳定发展的需要。预期管理并不以通胀为目标，而是制定统一的"经济目标框架"，既有经济增长目标（如 GDP 增长率、失业率等）又包括物价稳定目标（如 CPI 增长率等）。预期管理就是根据既定的经济框架，采用各种合理的经济政策，在逐步推进经济向既定方向发展的同时引导公众的经济预期，使其预期有效配合经济发展需求，减少经济运行中的不确定性，保证经济长期稳定增长。在危机爆发后处于经济萧条状况下，预期管理可以放弃固守通胀目标制的要求，以经济恢复为目标，允许通胀水平提高，重塑公众预期帮助经济尽快走出泥潭。

综上所述，采用预期管理完全满足我国现行货币经济的多目标制要求。

二、预期管理满足我国应对国际货币经济的博弈要求

随着国际贸易发展和人民币汇率市场化，我国经济与国际经济之间的关系日趋紧密。这种与国际经济日趋紧密的关系给我国的货币经济政策带来巨大困难——全球性的货币政策博弈，在制定本国的货币政策时必须考虑全球性的货币政策趋势和方向。

纵观世界货币经济发展史，各国的货币政策存在相互影响相互博弈的过程，如给日本经济带来重大改变的《广场协议》①。1985 年，美

---

① 《广场协议》（*Plaza Accord*）是 20 世纪 80 年代初期，美国财政赤字剧增，对外贸易逆差大幅增长。美国希望通过美元贬值来增加产品的出口竞争力，以改善美国国际收支不平衡状况，所以签订此协议。（资料来源：百度百科）

国为缩减财政赤字改善国际收支不平衡现状，与日本、法国、英国和德国在纽约广场饭店签署了《广场协议》。协议希望通过美元贬值来增加产品的出口竞争力，改善美国国际收支不平衡状况。《广场协议》以协议的形式确立了日元的升值趋势，这对日本经济产生难以估量的影响——大量热钱涌入日本导致资产泡沫膨胀。1989 年，日本施行紧缩货币政策，虽然戳破了泡沫经济但也将经济拖进了十几年的衰退期。自 2005 年以来，以美国为主的西方国家持续对人民币升值施加压力，造成我国人民币持续升值，大量热钱通过各种渠道涌入中国，导致中国股市、房市资产泡沫滋生，国内实体经济遭受到重大冲击。以上情况，充分体现出国家间的经济政策博弈对一国货币政策的影响。面对国际上不断施加的人民币升值压力，我国一方面动用了各种相关的货币工具（主要是信贷渠道和存款准备金率等）积极应对热钱涌入，另一方面积极开展外交手段来减轻人民币升值压力，此外还采取相关财政政策来引导控制资本流向改变市场的投资方式，开放 QDII 的海外投资渠道将国内热钱引导出境。

人民币国际化进程中，需要有稳定币值预期，这离不开对外汇市场的预期管理。一国货币升值不利于出口，所以各国央行都极力避免升值，贬值有利于出口但是容易引致贸易国的报复或是同样采取贬值措施，导致贬值对出口无效。历史上，货币率先贬值的国家起初能有所获利，但在各国竞相贬值之后就无利可图了，国家声誉遭到损失。2022 年下半年，由于美联储加息造成美元回流，人民币和其他国家货币一样面临贬值压力。在 8~9 月份人民币贬值加速，在跌破 7 的关口后，又迅速跌破 7.1 直奔 7.2，在即将跌破 2019 年低点之际，央行及时采取下调金融机构外汇存款准备金率和将远期售汇业务的外汇风险准备金率从 0 上调至 20%，以稳定外汇市场预期。

在我国货币经济与全球性货币经济环境紧密相关的今天，我国采取预期管理政策从整体经济目标框架下积极应对全球性货币环境变化，能更好地保证经济保证民生。

三、我国金融市场化水平低更需要采用预期管理方式

金融市场化水平较低限制了我国货币政策工具的使用程度和效果发挥。近年来，我国采取包括汇率改革等一系列金融改革措施，金融业发展极为迅速取得惊人的成绩，但是相对于西方发达国家我国金融市场化水平还比较低，金融体系的货币政策传导功能相对局限。2014年7月，在中美战略与经济对话新闻发布会上，中国央行行长周小川就利率市场化改革发表意见，认为央行将用短期和中期政策工具来引导利率水平，并在未来的两年内实现利率市场化改革。

我国的金融市场化水平较低，利率至今仍为央行管理控制，调整利率根本起不到调整市场货币供给的作用。这也是为什么央行在应对2005年以来的资产泡沫膨胀时，使用更多的是调节存款准备金率。而与此同时，面临相同问题西方发达国家采用调整市场利率。动用存款准备金率来调节市场效果立竿见影，较调整利率水平可以更为直接地对市场货币供给量给予迅速控制。但在2007年连续十次调整遏制通胀的效果不明显，主要原因是通胀预期没有变化。调整存款准备金率在直接控制市场货币供给的同时，央行通过各种渠道（经济论坛、市场报告和媒体宣传等）向市场释放了强烈信息——经济已经过热，风险正在积累。央行释放显示经济状况的信号有助于人们了解市场风险，形成合理预期、审慎投资和消费。

在金融市场化水平较低的当前，管理货币经济除了使用原有的货币工具来调节引导市场外，还应该充分发挥货币经济管理中的预期管理作用。从我国目前金融发展程度看，货币工具受市场发展程度的局限，效果会大打折扣。如果采用预期管理，货币工具不仅能发挥其传统的影响市场预期的作用，央行还可以利用相关渠道如新闻发布会、金融论坛、每周工作报告和银行约谈等各种途径向市场传递经济管理信号，通过影响市场预期来调节人们的投资消费，实现对经济的有效调节。

四、预期管理能协调异质预期提高货币政策有效性

理性预期下，预期具有完美能力，致使货币政策无效。但是粘性预期认为预期并非理性，不仅具有不确定性还具有异质性，异质性预期是粘性预期的主要观点。人们的预期以各自的信念为基础，通过信息获取、经济体验和社会学习成为每个经济体的经济行为驱动力，这种驱动力因人而异出现异质性。

我国地大物博人口众多，最容易形成异质预期。首先，地域广博不利于信息的传播，容易在局部地区形成具有地域特点的预期行为。在财政政策的驱使下出现区域性资本集聚，造成区域性经济升温出现通胀压力。例如：西部大开发造成我国西部地区的通胀水平明显高于中东部地区。考虑到地方政府在城镇化进程中的积极经济政策，政策叠加势必引发大量的资金集聚最终导致区域性通胀加剧进而提高通胀预期。通胀预期在区域间传递将比通胀在价格间的传递更快导致其他地区的通胀预期增加，从而出现通胀和预期相互作用下的区域间通胀蔓延。其次，人口众多不利于形成统一经济预期，给货币政策发挥效用带来困难。十几亿人口、56 个民族、不同的地域人文、不同经济素养产生了各不相同的经济信念，这让货币政策很难调和各种预期形成统一预期。异质预期直接增加了货币政策传导的复杂性，扭曲经济内在的传导机制，滋生经济波动和增加通胀持久性，最终的结果是货币政策有效性大打折扣。

五、货币经济管理中已积累丰富的预期管理经验

预期管理被我国政府部门所提及不过是近几年的事情，但其实政府部门在具体货币经济管理中，已有意无意地通过引导和影响市场经济预期实现其经济意图。

许多人还记得，1997 年亚洲各国受区域性金融危机影响竞相将本国货币贬值，中国出于维护亚洲地区的利益和本国经济的需要，朱镕

基在世界银行年会上表态，中国保证人民币不贬值。这是中国政府首次在正式的国际场合表明其应对亚洲金融危机的态度。事后证明，坚持人民币不贬值是正确决策，朱镕基斩钉截铁的语言艺术尽显领导魅力，给予市场无比信心，稳定市场预期进而保证中国金融体制在暴风雨中的稳定性，从而成功躲过了一场后果难以预料的资本灾难，也为亚洲金融秩序的复苏做出了贡献。这种强有力的官方表态就是一种稳定市场信念的政府行为，稳定了市场预期坚定了市场信心，避免市场的不确定性进一步演变，体现了预期管理的魅力。

2005 年《政府工作报告》首次同时公布了下一年度的 GDP 上涨率和 CPI 指数预期目标，如表 6-1 所示。同时公布 GDP 上涨率和 CPI 指数的预期值显然是一种经济目标框架，表明政府在经济增长与通货膨胀间的策略性选择，从中透露出政府对未来经济状况的预期对市场有引导作用。公布未来一年的 CPI 指数预期值可以被认为是一种类似于准通胀目标制的一种做法，是一种政府期望而不是央行期许，故它不是通胀目标制中的目标，对央行没有约束力。虽然不是目标，但是其指出了政府对未来一年的经济状况的判断和期望，公布 CPI 指数预期值在一定程度上引导了市场的通胀预期，起到了预期管理作用。

面对次贷危机，在美国选择七千亿美元救世法案的同时中国选择了四万亿元的经济刺激计划。相继而来的是全球性的货币量化宽松，这使得美国等发达国家快速地从次贷危机的阴影中走出，经济得到恢复。为什么量化宽松的货币政策能挽救市场呢？李拉亚（2011）指出，美国的量化宽松货币政策就是一种预期干预的手段。通过量化宽松的货币政策给市场形成一种美元贬值预期，超发的货币会在未来形成通胀压力，金融市场将得到足够的流动性，企业可以通过美元贬值向外输出商品获得收益，市场将在不久的将来恢复到原有水平。市场预期被重塑，经济从预期陷阱中跳出来快速恢复。相类似地，中国政府采用适度宽松的货币政策，在保证市场流动性的同时注意控制人民币升值带来的热钱涌动负面影响，加之财政政策配合和媒体宣传以强化经济信心，这些都为中国经济摆脱次贷危机困扰提供有力支持。中国政府这些经济政策都体现了预期管理的思想。

表 6-1 2004~2022 年《政府工作报告》经济预期目标（经济目标框架）

单位:%

年份	国内生产总值增速	城镇登记失业率	城镇调查失业率	居民消费价格水平
2004	7	—	—	—
2005	8	4.6	—	4
2006	8	4.6	—	3
2007	8	4.6	—	3
2008	8	4.8	—	4.5
2009	8	4.6	—	4
2010	8	4.6	—	3
2011	8	4.6	—	4
2012	7.5	4.6	—	4
2013	7.5	4.6	—	3.5
2014	7.5	4.6	—	3.5
2015	7	4.5	—	3
2016	6.5~7	4.5	—	3
2017	6.5	4.5	—	3
2018	6.5	4.5	5.5	3
2019	6~6.5	4.5	5.5	3
2020	—	5.5	6	3.5
2021	6	—	5.5	3
2022	5.5	—	5.5	3

综上所述，国外如利率规则、通胀目标制等较为成熟的货币经济理论可能并不能完全适用我国当前的货币经济环境。在面对国内外复杂的货币经济条件下，如何找到一条适合我国国情的货币经济管理方法是关键。预期管理在满足我国货币政策目标多元化、应对国际货币经济博弈、适应我国金融化水平不高和协调异质预期上具有较好的策

略思路，为实现我国经济整体框架目标提供有效的帮助。预期管理是一种货币政策策略，通过引导和管理经济体的预期向央行需要的方向发展来提高货币政策有效性。预期管理与其他货币工具、经济政策的运用并不矛盾，相比之下更能带来助力使货币工具和经济政策的效果更为显著。考虑到我国的国情，预期管理比较适应我国的政治经济环境，其运用的基础较为扎实。

第二节　我国预期管理的政策建议

一、重视预期管理在经济逆周期管理中的作用

对预期特征和形成机制的认识改变了经济学家的货币经济政策观点。从 Keynes 带有典型心理特征的预期思想得到货币政策积极有效，到了 Friedman 的适应性预期，货币政策被认为短期有效长期无效，而当 Lucus 引入理性预期后货币政策彻底为中性，新兴的粘性预期思想又将货币政策重新拉回到有效的论断上来。政策观点变化措施也发生改变，从多种货币政策工具到单一货币供应量，从增加政策透明度到管理预期消除或避免经济的严重波动。预期机制导致的货币政策观念变化表明预期对宏观经济的影响，所以要先转变观念将预期视为经济的关键性内生变量来加以对待，重视不同政策对公众的预期反应，引导和管理公众预期使其配合央行的货币政策。Krugman（1998）提出预期管理的思想，预期管理实践尚在起步阶段，还需要转变观念，不断地探索和总结预期管理实践经验。

在具体的货币经济政策施行中预期管理分为两个方面：当面对经济危机出现流动性陷阱时，采用非常规的预期管理方式，优先通过改变人们的预期使得经济走出危机阴影得到复苏；在日常经济管理中，采用常规的预期管理方式，明确经济目标建立预期反应规则，赢得公

众配合稳定经济预期，保持经济平稳增长。次贷危机后，各国政府提倡宏观审慎强调经济逆周期调节，预期管理与逆周期调节存在内在关联，央行管理预期就是要避免和减少预期出现在经济收缩和扩张时出现误判①，被粘在不恰当的位置上阻碍经济运行。预期管理在央行经济管理中有很大的发挥空间，如果央行成功地避免公众顺周期行为赢得其配合，货币政策将取得事半功倍的效果。

具体施行预期管理时讲究货币政策策略，需要制定动态的经济管理目标以及具体步骤。传统货币政策相机抉择带有神秘感，而预期管理要求货币政策要有目标路径公开透明。20 世纪 90 年代的货币政策透明思想、通胀目标制都体现了预期管理思想。2007 年金融危机后美、日、欧等发达国家采用量化宽松政策也是货币政策策略的一种体现。为了经济能跳出流动性陷阱，它们暂时放弃固守的通胀目标，采取量化宽松货币政策改变预期，让公众走出预期陷阱使经济得以恢复。预期管理的政策目标根据经济运行的需要而切换。

二、建立经济目标框架增加政策透明度树立政府信用

迄今，不少学者对我国采取通胀目标制的可行性进行研究，基本上都肯定了通胀目标制对稳定通胀所起到的关键性作用和效果，但是到底是否应该采取通胀目标制意见不一。我国没有采用通胀目标制，随着经济发展和管理机制改革，我国政府使用类似于弹性通胀目标制的管理方法。从 2005 年开始，我国《政府工作报告》中开始出现对一个年度的 GDP、CPI 增长率估计，这可以被认为是一种经济目标的框架管理方式。根据我国的政治经济状况，进行预期管理需要首先制定经济的目标框架，细分未来主要经济状况（如 GDP 增长率、CPI 指数等）的合理波动区间。经济目标框架中包含了通胀目标，这在一定程度上类似于通胀目标制，即给出未来通胀的预期值。但是这个预期值不是央行所必须遵守的一个指标或是准则，并不带有任何必须完成任

---

① 经济收缩时把名义货币收入增加判断为实际货币收入增加，经济扩张时把实际货币收入增加判断为名义货币收入增加。

务的意思。它只是官方对未来的期望而不是期许，未来通胀大体如此，政府将尽量控制通胀在目标范围内。

传统的货币政策希望利用神秘的相机抉择来增加产出，这造成公众预期的不确定和不配合。预期管理继承了源于 20 世纪 90 年代的关于货币政策透明的思想。透明度与央行声誉息息相关，"货币政策透明度以其声誉效应为基础"①。央行需要从政策目标、政策模型、预测和未来的政策意图等多方面达到透明化，透明度越高公众越是理解央行政策。透明度是维护央行声誉的一种简单的方法，通过声誉效应制约中央银行政策行为的随意性。增加透明度，央行会努力维持政策的动态可信性，避免动态不一致性导致通胀倾向。央行增加透明，降低自身信息优势增加公众的信心，克服自身通胀倾向有利于稳定通胀预期。

根据 Morris 和 Shin（2002，2008）的预期管理思想，高阶预期容易导致预期混乱，而降低预期成本避免高阶预期，关键是利用政府的权威性树立威信形成一致预期。提高央行的独立性，使其在反通胀上发挥更为显著的作用，这被很多经济学家认同。从历史经验看，通胀目标制需要 1~2 年的时间来取得公众信任。所以，央行想要采用预期管理提高货币政策效果，首先需要赢得公众信任。如何取得公众信任呢？主要是提高央行的独立性，赋予央行应对经济状况的政策独立权。但是由于我国政治经济管理制度设计，央行作为国务院所管理的一个职能部门，其学者所期望的独立性难以得到满足。于是乎，央行信用水平将被包含在政府信用水平中得以体现。故在主张增加央行独立性的同时，提高政府在其他领域的信用水平，对提高央行信用水平将有很大帮助，因为抛开这种行政隶属关系，单独谈央行信用很不合适也缺乏实践意义。

三、对外顺应全球经济对内讲究微调整微刺激

我国作为世界上最大的新兴市场经济国家，与世界各国的联系日

---

① 程均丽，刘枭. 货币政策的时间不一致性、可信性与透明度 [J]. 财经科学，2005（6）：26-32.

趋紧密，国际贸易和投融资活动都日益频繁。其他国家采取的货币政策会通过各种渠道传递到我国，这给我国的货币经济带来许多不确定性。央行在制定货币政策时，必须考虑全球性的货币政策趋势和方向。例如，近年来我国所面临的人民币升值压力。人民币升值故有其内在原因，但也与外国政府不断施压有关。政府在人民币升值上所采取的措施体现出一国货币政策与其他国家货币政策相互博弈的过程。人民币升值一方面容易造成国际贸易逆差出口压力增大，另一方面容易导致热钱涌入。由于热钱往往流向虚拟经济从而推高股价房价制造资产泡沫，其后果让人联想起 20 世纪 80 年代末的日本经济泡沫破灭。在当前全球货币经济量化宽松的时候，我国需要顺势采用适度宽松的货币政策，对市场进行预期管理，引导市场预期避免由于群体非理性预期波动造成市场波动。

宏观经济政策的审慎笃行，避免经济政策大开大合。我国为应对金融危机曾采取了大规模的刺激经济的政策，随之而来的各地方政府配套投资和自救。这样一来，我国用于救市的资金就不是区区四万亿元而是几十万亿元。这会造成过量货币堆积形成通胀压力催生新的资产泡沫，为今后的经济增长带来新问题。另外，宏观审慎需要央行及时了解市场变化尤其是市场预期的变化。公众的经济预期决定了其投资和消费行为，群体性预期一旦形成容易产生经济合力，即容易催生资产泡沫也可能导致预期"退潮"泡沫破灭。

微刺激与微调整的经济政策有利于稳定通胀预期。微刺激与微调整是中央政府在施政中所提出来的一种施政理念，其特点是在总体经济目标不变的情况下对个别的领域或产业进行幅度不大的支持或调整。最近央行的一系列货币工具的使用都体现出微刺激微调整的思想，如调整存款准备金率。在 2014 年之前，调整存款准备金率主要分为银行和农村信用社进行差别化准备金制度；在 2014 年之后，央行调整存款准备金率的新举措是对除四大国有银行外的其他银行实行差别化的准备金制度。这种货币工具使用的微调整给予市场微刺激，在调节市场的同时保持预期稳定。微刺激与微调整符合宏观审慎的思路，是政府施政方式细腻化和差异化的体现。在预期管理的常规化管理中，主要采取微刺激与微调整的货币政策思路来引导和稳定市场预期，实现经济平稳增长。这种新的施政理念利用市场本身自有的经济活力，四两拨千斤引导市场预期走向，避免大量资金投入造成某个产业过度的资金集聚，导致局部经济过热引发连锁反应。

四、加强信息交流协调公众预期赢得配合

协调预期的关键是协调央行与公众的预期，然而公众预期具有异质性，所以协调预期的关键就是协调公众的异质性预期。异质预期给央行采取预期管理政策引导市场经济行为带来困难。公众异质预期的影响因素有很多：个体能力、经验阅历、学习能力、气质信念、空间地理、人文环境和年龄习惯等。造成预期异质的因素较多，引导管理公众异质预期使其趋同显然困难重重。央行在协调公众预期时需要事先告诉公众央行的预期，并努力让央行预期如"太阳黑子"那般可以随时被观察到。高阶预期会增加公众决策成本产生异质预期，将央行的预期作为预期目标可以避免高阶预期。在我国，通胀预期还存在空间异质，这主要是由于个别地区财政政策短时局部聚焦导致。由于"通胀与通胀预期"交互式螺旋上升导致高通胀与高通胀预期同时存在，造成区域间的通胀差异。较高通胀水平的地区对周围较低通胀水平地区会有辐射作用，最终导致整体高通胀状况。要从根本上解决通胀预期空间差异，应该从地方政府财税制度中加以控制，应该从地方投资平台管理中加以控制，应该从地方债券发行和债务偿还中加以控制，应该从地方政府的考评审核管理中加以控制。

在协调异质预期时除了向公众展示央行预期外，普及基本的金融知识也是引导预期趋同的有效方法。公众的经济学知识来源有差异，良好的经济学素养显然是央行与公众沟通的重要前提，有利于公众理解央行政策目的和规律提高沟通效果。央行与公众沟通是预期管理的重要内容，是央行预期管理的一项策略。沟通就是要央行告诉公众这样几个方面的问题：现在经济状况如何、未来可能变化、央行的政策目标和框架、可以采取政策和最优措施、政策结果如何、未来的政策

意向等。沟通的方式有央行例会申明、通胀报告、会议记录、学术报告、新闻发布和论坛讲演等。沟通的时机选择也很关键，为了引导预期提高政策效果往往在施政前夕就开始沟通，必要时还需要提前调研。沟通的频率，对于通胀预期每月、每季度的沟通较为合适，对于利率预期每周的沟通较为合适。

　　赢得公众配合是央行管理预期的重要目的，这能让货币政策起到四两拨千斤的作用。公众预期对经济总是顺周期的，即在经济繁荣时预期高涨消费投资都很积极，在经济衰退时预期消沉消费投资都很低迷。央行管理经济需要逆周期，这与公众预期顺周期相冲突。如何赢得公众配合，一是公众了解央行的政策策略，这包括主要的政策步骤和具体时间表；二是央行政策能取得公众信任，这包括央行是否专业，是否正确，是否权威；三是央行与公众的预期利益一致，这意味着央行的预期利益与公众预期利益方向相反时，央行需要动用相关货币工具和政策策略来引导公众预期利益，尤其是公众预期利益存在非理性时，更是需要央行的积极引导和控制。

　　2017年，在党的十九大报告中明确提出"健全货币政策和宏观审慎政策双支柱调控框架"，要求将在保持经济稳定的同时积极采取措施防范系统性金融风险。这个工作思路与经济目标框架的内涵、目的一致，突出了金融系统风险对经济稳定的影响。通货膨胀比率是一把衡量生产收益、资本收益的尺子，既可以衡量经济，也可以衡量金融。货币政策与宏观审慎政策相互结合，采取合适防范引导公众预期，可以起到预期管理的作用。例如：2016年底，中央经济工作会议首次提出"房子是用来住的，不是用来炒的"这样的房地产市场发展定位。此后相关政策陆续出台，多次中央经济工作会议反复强调，房地产市场开始一扫之前的投机之风逐渐回归理性。

　　这是宏观审慎中预期管理的典型案例。

五、把握预期规律改善公众的经济体验

　　建立预期监控机制，及时掌握预期的变化趋势和特征。现在，对

于公众通胀预期的收集主要是央行每季度的《城镇居民储户问卷调查报告》、北京大学朗润预测数据等。这些信息数据从某个特定方面反映了公众预期的变化。预期主体有居民、企业家和专业机构；预期频率有年度、季度和月度；预期内容有企业主信心和居民行为等。这些数据主要是从全国的角度来监测预期动态变化趋势，现在缺乏各省份的预期分类数据。我国地大物博人口众多，经济状况在各省差异性大，如果能够有省份一级的预期调查数据，显然更有利于深入研究预期规律及时了解公众预期变化，为预期管理提供更为翔实的数据支持。加强预期行为的研究，建立具有我国特色的预期模型，模型的参数体现了预期的变化规律和特点。研究中需要心理学、行为经济学等学科的加入，因为预期具有人的心理行为特质，这点显著区别于其他经济变量。这也说明了央行在制定和施行货币政策时不能像启动机器那样，而是需要考虑政策时机和公布方式，使得公众预期与央行目的相一致，赢得公众配合以达到事半功倍、游刃有余的目的。

通胀体验是形成通胀预期最为直接的影响因素。人们对降低准备金率能释放多少流动性或许并不知晓也无兴趣知晓，而对于发生在身边的价格波动较为敏感和关注，所以通胀体验对通胀预期的影响非常重要，这也是造成通胀异质性和粘性与突变性的关键性因素。例如：在2007年，国家统计局公布CPI数据时，人们却普遍认为CPI数据被明显低估，纷纷怀疑统计数据存在水分。显然，对统计数据的质疑是根据居民通胀体验得来的，在肉价上涨了三倍房价翻了两番的年份，CPI仅上涨4%人们就难以相信了，这会导致人们对政府公信度的怀疑。所以在具体的通胀预期管理中，需要重视通胀体验对通胀预期的影响和作用。人们一日三餐，柴米油盐酱醋茶，这些商品的价格上涨会给人们带来最为直接的通胀体验。

尽量对公共基础品施行政策倾斜，如公交、地铁的价格尽量采用补贴的方式解决。水价、电价、地铁、公交价格的上涨是基础品价格上涨，虽然总是滞后于资本品价格上涨，所以每当物价飞涨过后对水价、电价、地铁和公交等价格听证会的召开就等于官方认可此前通胀。如果此时政府采用补贴等手段保持价格原有水平，是有利于稳定人们的通胀体验从而起到稳定通胀预期的作用，避免在公众心里产生基础品涨价的预期，对关键性商品、标志性商品价格管制卓有成效。石油、黄金价格上涨来解释通胀似乎也不无道理，实证分析的结果也显示这样的结果。但是，同样是石油上涨为什么对日、美、欧的通胀率影响很小呢？其实，诸如石油、铜铁和黄金这样的商品存在期货交易，可进行所谓的套期保值，所以其价格上涨不应该100%传递到实体经济中造成基础品物价的上涨，导致成本推进型的通胀出现。在中国，房地产是最为关键性和标志性的商品，其价格管制需要见到成效。中国的房地产有其特殊性，房地产价格在十年间涨幅接近十倍，有房产的人为财富增值而欢喜，没房产的人为高房价而忧愁，买房产的人为还按揭在奔忙，卖房产的人为买不回原来的房产而叹惜（意味卖价低了），加之媒体爆料（如楼王地王的报道）和街头巷尾议论等，房产价格所带来的通胀体验冲击力太大。如果房产价格管制没有成效估计人们的通胀体验不会改变，通胀预期只会加强不会减弱，通胀与通胀预期将会螺旋式地不断上升。

第三节　本章小结

我国的政治经济有其特殊性，西方国家许多成熟的货币经济理论施行效果很好，但不一定完全适合我国国情。在面对国内外复杂的货币经济条件下，如何找到一个适合我国国情的货币经济管理方法是至关重要的。本章立足我国国情实际，分别从是否满足货币政策目标多元化要求，是否满足应对国际货币经济博弈需要，是否适应金融化水平不高的国情条件，是否能协调异质预期提高货币政策有效性等方面展开预期管理在我国适应性的分析。

笔者认为，预期管理在满足我国货币政策目标多元化、应对国际货币经济博弈、适应我国金融化水平不高和协调异质预期上将具有较好的效果，能为实现我国经济整体框架目标提供有效帮助。因此，提出五点政策建议：一是重视预期管理在经济逆周期管理中的作用；二是建立经济目标框架增加政策透明度树立政府信用；三是对外顺应全球经济对内讲究微调整与微刺激；四是加强信息交流协调预期以赢得公众配合；五是把握预期规律改善公众的经济体验。

第七章

总结与展望

第一节　总结

　　预期行为和货币政策效果关系紧密，各国政府越来越重视对预期的研究，旨在通过预期管理来稳定市场预期进而保持经济的长期稳定增长。在此背景下，笔者就预期、预期管理和货币政策有效性展开了研究，研究内容主要集中在以下四个方面。

　　一是对预期的微观经济基础和宏观波动特征的研究。研究从预期的微观经济体验入手，汲取了现代心理学和行为经济学的研究成果，分析了预期不确定和非理性的行为根源。认为人们对经济景气、对标志性商品和对投资收入的经济体验是影响通胀预期的关键性因素。基于路透社 Datastream 数据库中的通胀预期调查数据，建立不同的数理模型实证检验认为通胀预期具有不确定性、异质性和非线性的波动特征，在中国，通胀预期还具有空间异质的特征。这些研究揭示了通胀预期的波动特征，为了解预期的形成机制和后文加强预期管理采取相关措施提供了实证支持。

　　二是对预期机制与货币政策有效性的研究。研究回顾了预期理论基本概念和发展过程，比较了各种预期理论的特点和不足，对新兴的预期理论进行详细的介绍，这为分析预期与货币政策有效性埋下伏笔。在梳理预期与货币政策关系的理论后，认为不同预期机制影响了经济学家对菲利普斯曲线位势的认识，改变了其在货币政策有效性上所持的政策观点。在粘性预期视角下，菲利普斯曲线会随着预期变化产生旋转，菲利普斯曲线的旋转方向、位势等的变化与人们的预期和政府经济政策有关。积极货币政策在避免衰退的同时容易造成菲利普斯曲线逆时针旋转，此时经济出现滞胀。研究进一步认为，预期在货币政策传导中起到关键性作用，货币政策有效性取决于其对经济人预期和行为的改变程度。在货币政策逆周期调节经济过程中，预期扮演着重要角色：在经济波动平稳期，预期稳定能保证经济稳定增长；而群体非理性预期也会催生经济的非理性繁荣导致经济危机；重塑预期能促使经济复苏较快地从危机泥潭中走出。这些分析为后文实现经济目标框架下的预期管理进行了理论铺垫。

三是对预期管理与央行对公众预期反应规则的研究。预期管理是新兴的货币政策管理理论，核心思想是引导和协调公众预期以避免经济波动和实现经济稳定增长。在分析预期管理思想的起源、理论基础和条件内容等后，比较了现代货币政策中关于透明度、目标制与预期管理的联系和区别，为建立预期管理做好理论准备。通过数量模型分析认为管理通胀预期可以平滑通胀波动提高货币政策有效性。建立博弈模型分别探讨在完全信息静态和非完全信息动态条件下，央行如何根据公众预期制定货币政策保持经济稳定，这有别于央行根据宏观经济变量制定货币政策的传统思路。在 Reis（2009）的 SIGE 模型基础上引入预期冲击，利用参数校准和贝叶斯估计方法，模拟了经济在存在预期冲击时的各种变化，分析了粘性预期对经济尤其是对货币政策的影响，为预期管理提供可靠的实证模拟数据支持。

四是对预期管理在我国适应性的研究并提出政策建议。根据我国政治经济的实际情况，分别从适应货币政策目标多元化，是否适应对国际货币经济博弈需要，是否适应金融化水平不高的国情条件，是否能协调异质预期提高货币政策有效性等方面展开预期管理在我国的适应性分析。研究认为，预期管理适应我国当前的政治经济状况和环境的要求，能为实现我国经济整体目标框架提供有效帮助。最后，提出五点政策建议。

在新数据新视角下，可能的创新之处主要有：①从粘性预期视角探讨了菲利普斯曲线逆时间旋转和经济滞胀问题；②对央行与公众预期反应规则的研究；③设计"预期冲击消减比率"，模拟具有粘性的预期冲击对经济系统的作用与影响。

第二节 展望

自"卢卡斯批判"提出后，研究宏观经济问题有了一种新思路——从微观层次入手来研究宏观经济学问题，这种研究思路导致西方宏观经济学的微观化。笔者从预期行为入手来研究货币政策有效性是一种尝试，研究内容将为政府采用预期管理提高货币政策成效提供理论和实证上的支持。对人们的预期行为研究还将有新成果，稳定经济波动中货币政策还会有新举措，宏观经济运行还会出现新变化，这些都将推动研究的不断深入和发展。

一是预期的行为特征研究。人的经历、文化、习惯和心理等都会影响到预期，预期因此具有不确定的特点。现有预期理论对预期形成机制研究才开始还存在局限性，预期的许多问题、特点和规律还未真正理解。诚如李拉亚（2011）对粘性信息、理性疏忽和粘性预期理论的评价"从目前已发表的文献看，理性疏忽理论、粘性信息理论和粘性预期理论均没有研究经济行为的突变性，如预期突变性"。粘性预期理论并未对人们大规模调整预期产生预期突变的问题展开研究。预期突变并不常发生而是更多表现为预期粘性，但缺少预期突变的预期理论就不完善，在描述货币政策管理中不能缺少这一重要的理论环节。因此，对预期突变的研究是今后预期研究的一个重要方向。异质性预期也是预期研究的重点，预期异质直接影响了货币政策效果，公众的预期不同会有不同的行为结果，怎么让一个货币政策对所有的人都产生相同的行为结果呢？

二是在新兴的预期理论中，理性疏忽的思想或许将更具理论的生命力。理由是，较粘性信息思想它不仅考虑到预期粘滞特点，还考虑到预期的不确定性、易变性等特点。理性疏忽利用信道能无错误传送的最大信息率来衡量经济人的信息处理能力，利用信息熵衡量变量的不确定性，利用信息流量来衡量不确定的变化。这些理论特征较粘性信息理论在描述人们的有限理性预期行为特点上更具代表性显得更为充分。因此，理性疏忽与信息科学理论的发展将有可能为研究预期行为提供支持。此外，对预期管理的研究，本书主要集中在单一国家的预期管理中，对开放经济环境中如何进行预期管理并没有过多涉及，这将成为未来研究的重要内容。

三是总结当前预期管理实践。源于 20 世纪 90 年代的货币政策透明度思想和通胀目标制，在保持较低通胀预期维持通胀稳定中取得一定的效果。相关国家面对不同的国内经济环境和复杂多变的国际经济环境，所采取的思路相似但具体举措不同，其中有成功经验也有失败的宝贵教训，及时总结这些发展了十余年的货币政策可以为进一步建立预期管理制度提供理论支持。面对 2007 年的次贷危机，美日欧等一些发达的资本主义国家采用了量化宽松的货币政策。它们寄希望于依靠制造通胀预期走出流动性陷阱，但从魔瓶里跑出来的通货膨胀预期魔鬼，怎样把它再收回去呢？事实上，美国近几年经济数据表明美国的经济正快速复苏，美国国内失业率总体趋势下降，通胀水平缓慢提高但仍在可控可接受范围内。是瓶子里的魔鬼不可怕还是有什么法宝束缚了魔鬼呢？这些都是政府采取预期管理的宝贵经验和需要进一步展开研究的方向和领域。

四是预期管理与中国实践。国外的经验可以总结，但国内的情况又如何呢？首先，我国的政治经济制度、条件和环境与西方国家不同，采用预期管理面临着诸多新问题。例如：我国地大物博人口众多，如何进行预期管理不仅是一种理论运用，而且还是一种管理艺术。中国地域范围较大，经济的空间差异造成了货币政策在空间传导过程的不同，中东西部、不同省份和不同城市都存在差异，一项货币政策如何在不同经济地域上发挥相同的效果呢？其次，十几亿人口 56 个民族，地域分布广，文化习惯不同，如何开展预期管理存在种种现实困难。再次，经济增长和发展是我国现阶段的主要目标和任务，如何建立经济目标框架，通过预期管理满足经济发展的需要又能控制好通胀也是留给货币政策决策的一个取舍难题。最后，随着国家经济开放程度扩大，面临复杂多变的国际经济环境和各种经济冲击，如何保持经济的稳定与协调。这些都是今后继续开展研究所亟待解决的问题。

参考文献

［1］ Reis R. A Sticky - Information General - Equilibrium Model for Policy Analysis ［J］. NBER Working Papers, 2009.

［2］ Simon H A. Models of Bounded Rationality, Vols. 1, 2, 3 ［J］. MIT Press Books, 1982, 1997.

［3］ Friedman M M. The Role of Monetary Policy ［J］. American Economic Review, 1968, 58 (1) .

［4］ Lucas R. Expectations and the Neutrality of Money ［J］. Journal of Economic Theory, 1972, 4 (2): 103-124.

［5］ Sargent T J, Wallace N. Rational expectations, the optimal monetary instrument, and the optimal money supply rule ［J］. Journal of Political Economy, 1975, 83: 241-254.

［6］ Sargent T J, Wallace N. Rational expectations and the theory of economic policy ［J］. Journal of Monetary Economics, 1976, 2 (2): 169-183.

［7］ Muth J F. Rational Expectations and the Theory of Price Movements ［J］. Econometrica Patents Finance, 1961, 29 (3): 315-335.

［8］ Morris S, Shin H S. Coordinating Expectations in Monetary Policy ［J］. Chapters, 2008.

［9］ 维克赛尔. 利息与价格 ［M］. 蔡受百, 程伯撝, 译. 北京: 商务印书馆 . 1982: 77-82.

［10］ 米尔达尔. 货币均衡论 ［M］. 钟淦恩, 译. 北京: 商务印书馆 . 1963: 42-44.

［11］ 林达尔. 货币和资本理论的研究. 第一篇 ［M］. 陈福生, 陈振骅, 译, 北京: 商务印书馆 . 1963.

［12］ Metzler, L. The Nature and Stability of Inventory Cycle ［J］. Review of Econoics and Statistics, 1941, 23, 113-129.

［13］ Cagan P. "The Monetary Dynamics of Hyperinflation" in Milton

Friedman （ed.） Studies in the Quantity Theory of Momey ［M］. Chicago：University of Chicago Press，1956.

［14］高峰，宋逢明．中国股市理性预期的检验［J］.经济研究，2003（3）：61-69+91.

［15］Roberts J M. Inflation Expectations and the Transmission of Monetary Policy［J］. Finance & Economics Discussion，1998.

［16］J Gali，Gertler M. Inflation dynamics：A structural econometric analysis［J］. Economics Working Papers，1999，44（2）：195-222.

［17］Carroll C D. The epidemiology of macroeconomic expectations，In：Blume & Durlauf（eds.）［M］. The Economy as an Evolving Complex System，Ⅲ. Oxford University Press，2005.

［18］Sims C A. Implications of rational inattention［J］. Journal of Monetary Economics，2003，50.

［19］Reis R. Inattentiveness［D］. Cambridge：Harvard University. 2004.

［20］Sims，Christopher A. Rational Inattention：Beyond the Linear-Quadratic Case［J］. American Economic Review，2006，96（2）：158-163.

［21］Lewis，Kurt F. The Life-Cycle Effects of Informationg-Processing Constraints［D］. Washington：Mimeo University of Iowa，2006.

［22］Luo Y，Young E R. Rational Inattention and Aggregate Fluctuations［J］. B. e. Journal of Macroeconomics，2009，9（1）.

［23］Martins G，Sinigaglia D. Real Business Cycle Dynamics under Rational Inattention［J］. MPRA Paper，2009.

［24］Bartchuluun，Altantsetset. Labor Supply with Information Processing Constraint，Unpublished，2009.

［25］Mackowiak B，Wiederholt M. DP7691 Business Cycle Dynamics under Rational Inattention［J/OL］. CEPR Press Discussion Paper，2010（7691）. https：//cepr. org/publications/dp7691.

［26］Mankiw N G，Reis R. Sticky Information Versus Sticky Prices：

A Proposal to Replace the New Keynesian Phillips Curve [J]. Quarterly Journal of Economics, 2002, 117: 1295-1328.

[27] Mankiw N G, Reis R. Sticky Information in General Equilibrium [J]. Journal of the European Economic Association, 2007, 5 (2-3).

[28] Fischer S. Long-Term Contracts, Rational Expectations, and the Optimal Money Supply Rule [J]. Journal of Political Economy, 1977, 5 (1): 191-205.

[29] Calvo G A. Staggered prices in a utility-maximizing framework [J]. Journal of Monetary Economics, 1983, 12 (3): 383-398.

[30] Reis R. Inattentive consumers [J]. Journal of Monetary Economics, 2006.

[31] Reis R. Inattentive Producers [C] //John Wiley & Sons, Ltd, 2006: 793-821.

[32] Jinnai R. Optimal Inattentive Length in Macroeconomic Models [J]. Economics Letters, 2007, 95 (2): 174-179.

[33] Branch W A, Carlson J, Mcgough E B. Monetary Policy, Endogenous Inattention and the Volatility Trade-Off [J]. Economic Journal, 2009, 119 (534): 123-157.

[34] Trabandt, Mathias, Sveriges Riksbank. Sticky Information vs Sticky Prices: A Horse Race in a DSGE Framework [J]. Humboldt University Working Paper, 2003.

[35] Dupor B, Kitamura T, Tsuruga T. Do Sticky Prices Need to Be Replaced with Sticky Information? [J]. Bank of Japan, 2006.

[36] Olivier, Coibion. Testing the Sticky Information Phillips Curve [J]. Review of Economics and Statistics, 2010.

[37] Kitamura T. Optimal Monetary Policy Under Sticky Prices and Sticky Information [C] // 2008 Meeting Papers. Society for Economic Dynamics, 2008.

[38] Knotek II, Edward S. A Tale of Two Rigidities: Sticky Prices in a Sticky-Information Environment [J]. Journal of Money, Credit and Banking,

Vol. 42, issue 8, 2010: 1543-1564.

［39］李拉亚. 通货膨胀机理与预期［M］. 北京：中国人民大学出版社，1991：222-244.

［40］李拉亚. 通货膨胀与不确定性［M］. 北京：中国人民大学出版社，1995：54-60.

［41］Barro R J, Gordon D B. Rules, Discretion and Reputation in A Model of Monetary Policy［J］. Journal of Monetary Economics, 1983, 12（1）：101-121.

［42］Rogoff K. The optimal degree of commitment to an intermediate monetary target［J］. Quarterly Journal of Economics, 1985, 100：1169-1190.

［43］Krugman P R. It's baaack: Japan's slump and the return of the liquidity trap［J］. Brookings Panel on Economic Activity, 1998.

［44］Forsells M, Kenny G. The rationality of consumers' inflation expectations: survey-based evidence for the euro area［R］. Working Paper No. 163, European Central Bank, 2002.

［45］Eijffinger S, Geraats P. How Transparent are Central Banks?［J］. Other publications TiSEM, 2002.

［46］Volker Hahn. Central bank transparency: a survey［J］. Ifo-Studies, 2002, 48（3）：429-455.

［47］Winkler B. Which kind of transparency? On the need for clarity in monetary policy-making［J］. Working Paper Series, 2000（26）.

［48］谢平，程均丽. 货币政策透明度的基础理论分析［J］. 金融研究，2005（1）：24-31.

［49］Eusepi S. Central bank transparency under model uncertainty［J］. Staff Reports, 2005（199）.

［50］Chortareas, Stasvavage, Sterne. Does monetary policy transparency reduce disinflation costs?［J］. The Manchester School, 2004, 71（5）：521-540.

［51］Svensson L E O. Challenges for Monetary Policy［J］. Paper for the Bellagio Group Meeting at the National Bank of Belgium, 2004.

[52] King R G, Yang K Lu, Ernesto S. Pastén. Managing Expectations [J]. Journal of Money, Credit and Banking, 2008, 40.

[53] Woodford M. Central Bank Communication and Policy Effectiveness [C] // economic Policy Symposium-jackson Hole. Federal Reserve Bank of Kansas City, 2005: A1-A2, 1-65.

[54] 陈学彬. 我国货币政策效应的完全信息博弈分析 [J]. 经济研究, 1996 (7): 3-10.

[55] 徐玖平, 高波. 公众预期通货膨胀的突变分析 [J]. 数量经济技术经济研究, 2001 (9): 107-109.

[56] 肖争艳, 陈彦斌. 中国通货膨胀预期研究: 调查数据方法 [J]. 金融研究, 2004 (11): 1-18.

[57] 肖争艳, 唐寿宁, 石冬. 中国通货膨胀预期异质性研究 [J]. 金融研究, 2005 (9): 51-62.

[58] 杨小军. 公众预期与货币政策有效性 [J]. 上海金融, 2008 (6): 33-37.

[59] 李拉亚. 理性疏忽、粘性信息和粘性预期理论评介 [J]. 经济学动态, 2011 (2): 117-124.

[60] 王雅炯. 通胀预期管理下中央银行沟通的有效性研究——基于中国 2003~2010 年数据的实证分析 [J]. 上海经济研究, 2012, 24 (4): 24-35.

[61] 程均丽. 异质预期下的货币政策: 相机还是承诺 [J]. 国际金融研究, 2010 (3): 18-26.

[62] 庄子罐, 崔小勇, 龚六堂, 等. 预期与经济波动——预期冲击是驱动中国经济波动的主要力量吗? [J]. 经济研究, 2012, 47 (6): 46-59.

[63] 程均丽, 李雪. 异质预期变动对中国货币政策的影响机制——基于中国各预测机构数据的实证分析 [J]. 经济科学, 2013 (5): 19-31.

[64] Cerisola M, Gelos G. What Drives Inflation Expectations in Brazil?

An Empirical Analysis ［J］. Applied Economics, 2009, 41 （10）: 1215 - 1227.

［65］ Kozo Ueda. Determinants of Households' Inflation Expectations ［R］. IMES Discussion Paper Series, 2009 （8）.

［66］陈涤非, 李红玲, 王海慧, 等. 通胀预期形成机理研究——基于 SVAR 模型的实证分析 ［J］. 国际金融研究, 2011 （3）: 29 - 36.

［67］张健华, 常黎. 哪些因素影响了通货膨胀预期——基于中国居民的经验研究 ［J］. 金融研究, 2011 （12）: 19 - 34.

［68］ Mankiw N G, Reis R, Wolfers J. Disagreement about Inflation Expectations ［J］. NBER Chapters, 2004.

［69］ Pfajfar D, Santoro E. Heterogeneity, learning and information stickiness in inflation expectations ［J］. Journal of Economic Behavior & Organization, 2010, 75 （3）: 426-444.

［70］肖本华. 货币政策规则: 行为经济学范式 ［M］. 上海: 上海财经大学出版社, 2012.

［71］孙音. 不同主体间的通货膨胀预期与实际通货膨胀水平——基于居民储户、企业家、银行家的分析 ［J］. 社会科学辑刊, 2012 （3）: 153-156.

［72］ Kahneman D, Tversky A. Prospect Theory: An Analysis of Decision under Risk ［J］. Econometrica, 1979, 47 （2）: 263-291.

［73］ Thaler R H. Mental Accounting and Consumer Choice ［J］. Markering Science, 1985, 4: 199-214.

［74］杨继生. 通胀预期、流动性过剩与中国通货膨胀的动态性质 ［J］. 经济研究, 2009, 44 （1）: 106-117.

［75］李颖, 林景润, 高铁梅. 我国通货膨胀、通货膨胀预期与货币政策的非对称分析 ［J］. 金融研究, 2010 （12）: 16-29.

［76］李昊, 王少平. 我国通货膨胀预期和通货膨胀粘性 ［J］. 统计研究, 2011, 28 （1）: 43-48.

［77］汪增群. 中国货币政策区域非对称性效应 ［M］. 北京: 社

会科学文献出版社，2011

[78] 赵伟. 货币政策有效性研究的最新文献述评 [J]. 上海金融，2010 (3)：42-48，79.

[79] 陈学彬. 对我国经济运行中的菲利普斯曲线关系和通胀预期的实证分析 [J]. 财经研究，1996 (8)：3-8，64.

[80] 崔建军. 重新认识菲利普斯曲线的真正价值 [J]. 经济学家，2003 (1)：86-92.

[81] 沈利生. 经济增长与通货膨胀的周期联动——兼中国的菲利普斯曲线解读 [J]. 宏观经济研究，2009 (6)：15-19.

[82] 刘树成. 论中国的菲利普斯曲线 [J]. 管理世界，1997 (6)：21-33.

[83] 纪尚伯. 中国菲利普斯曲线的动态变化研究 [J]. 统计与决策，2012 (14)：122-126.

[84] Taylor, John B. Discretion versus policy rules in practice [J]. Carnegie-Rochester Conference Series on Public Policy, 1993 (39)：195-214.

[85] Stiglitz, Joseph E, Andrew Weiss. Credit Rationing in Market with Imperfect Information [J]. American Economic Review, 1981, 71 (3)：393-410.

[86] Ben Bernanke, Mark Gertler. Inside the black box：The credit channel of monetary trans mission [J]. Journal of Economic Perspectives, 1995 (9)：27-48.

[87] Brunner, Karl. The Art of Central Banking [J]. Center for Research in Government Policy and Business, University of Rochester, 1981.

[88] Kohn D. L. and B. Sack. Central Bank Talk：Does it Matter and Why? [J]. In Macroeconomics, Monetary Policy, and Financial Stability, eds. by Bank of Canada, 2004：175-206.

[89] Ehrmann M, Fratzscher M. Communication by Central Bank Committee Members：Different Strategies, Same Effectiveness? [J]. Journal of Money Credit & Banking, 2007, 39 (2-3)：509-541.

〔90〕 Milani F, Treadwell J. The Effects of Monetary Policy "News" and "Surprises" 〔J〕. University of California-Irvine, Department of Economics, 2011 (8).

〔91〕 Tker I, D Vávra, Vazquez F F, et al. Inflation Pressures and Monetary Policy Options in Emerging and Developing Countries—A Cross Regional Perspective 〔J〕. IMF Working Papers, 2009.

〔92〕 Scott Roger. 通胀目标制步入第 20 个年头 〔J〕. 金融与发展, 2010, 3: 46-49.

〔93〕 Eggertsson G B. Great Expectations and the End of the Depression 〔J〕. American Economic Review, 2008, 98.

〔94〕 李拉亚. 预期管理理论模式述评 〔J〕. 经济学动态, 2011 (7): 113-119.

〔95〕 Woodford M. Imperfect Common Knowledge and the Effects of Monetary Policy, In: P. Aghionetal (eds), Knowledge, Information, and Expectations in Modern Macroeconomics: In Honour of Edmund S 〔M〕. Princeton: Phelps Princeton University Press, 2002.

〔96〕 Morris S, Shin H S. Social Value of Public Information 〔J〕. American Economic Review, 2002, 92.

〔97〕 罗默. 高级宏观经济学 〔M〕. 王根蓓, 译. 上海: 上海财经大学出版社, 2009.

〔98〕 Kydland F E, Prescott E. Rules Rather than Discretion: The Inconsistency of Optimal Plans 〔J〕. Journal of Political Economy, 1977, 85 (3): 473-91.

〔99〕 Fujiwara I, Hirose Y, Shintani M. Can News Be a Major Source of Aggregate Fluctuations? A Bayesian DSGE Approach 〔J〕. Mototsugu Shintani, 2008 (1).

〔100〕 Stephanie Schmitt-Grohe, Martin Uribe. What's News in Business Cycles 〔J〕. NBER Working Papers 14215, National Bureau of Economic Research, Inc, 2008.

〔101〕 Milani F. Expectation Shocks and Learning as Drivers of the

Business Cycle [J]. C. E. P. R. Discussion Papers, 2010 (552).

[102] Khan H U, Tsoukalas J. The Quantitative Importance of News Shocks in Estimated DSGE Models [J]. Journal of Money Credit and Banking, 2012, 44 (9-07).

[103] 盛斌. 货币预期性冲击模型与东亚金融危机的经验实证 [J]. 经济科学, 1998 (4): 110-116.

[104] 刘金全, 云航. 规则性与相机选择性货币政策的作用机制分析 [J]. 中国管理科学, 2004 (1): 2-8.

[105] 王晓芳, 毛彦军. 预期到的与未预期到的货币供给冲击及其宏观影响 [J]. 经济科学, 2012 (2): 34-47.

[106] 金成晓, 朱培金. "泰勒规则" 在中国的适用性研究 [J]. 南京社会科学, 2013 (1): 24-32.

[107] 刘斌. 动态随机一般均衡模型及其应用 [M]. 北京: 中国金融出版社, 2010.

[108] Verona F, Wolters M H. Sticky information models in Dynare [J]. Economics Working Papers 02, Christian-Albrechts-University of Kiel, Department of Economics, 2013.

[109] 李拉亚. 双支柱调控框架的新目标制研究 [J]. 管理世界, 2020, 36 (10): 27-41.

[110] 周小川. 拓展通货膨胀的概念与度量 [J]. 中国金融, 2020 (24): 9-11.

[111] 陈雨露. 国际金融危机以来经济理论界的学术反思与研究进展 [J]. 国际金融研究, 2017 (1): 16-19.

[112] 程方楠, 孟卫东. 宏观审慎政策与货币政策的协调搭配——基于贝叶斯估计的 DSGE 模型 [J]. 中国管理科学, 2017, 25 (1): 11-20.

[113] 郭子睿, 张明. 货币政策与宏观审慎政策的协调使用 [J]. 经济学家, 2017 (5): 68-75.

[114] 马勇, 姚驰. 双支柱下的货币政策与宏观审慎政策效应——基于银行风险承担的视角 [J]. 管理世界, 2021, 37 (6): 51-69, 3.

［115］易纲．再论中国金融资产结构及政策含义［J］．经济研究，2020，55（3）：4-17.

［116］庞明川．长期的菲利普斯曲线与经济周期［J］．山东财政学院学报，1999（4）：8-12，7.

后　记

　　本书在我 2014 年博士论文基础上补充完成。其得以顺利完成并编撰成书，首先要感谢我的导师唐绍祥教授。从选题到定稿的整个过程中，唐老师均是在百忙之中抽暇悉心指导，老师丰富的专业知识、严谨的治学态度、务实的工作作风，对学生的提携及照顾令我获益良多深受感动。在学习中，华侨大学经济与金融学院的沈利生教授、李拉亚教授、胡日东教授、赵昕东教授、张新红教授、程细玉教授、许培源教授等老师都给了我细心的指导，你们的谆谆教诲丰盈了我的专业知识，促使我不断成长。其中，尤其要感谢李拉亚老师，李老师于 1991 年系统地提出粘性预期理论和预期管理思想，在我研究过程中曾多次关心，并在学术上给予无私的指导和帮助。在此向各位老师表示诚挚的谢意！祝各位老师身体健康，万事如意！

　　我要感谢我所在单位的领导，在工作生活上他们给予了大量支持和帮助，使我能得以顺利完成学业。

　　我要感谢我的家人，能顺利完成本书离不开家人的支持，是他们默默承担了家中各种事务，创造学习空间让我能专心学习，感谢家人在生活及情感上的体谅及包容。

　　感谢所有帮助过我的人！

许毓坤
2022 年 12 月于福州鼓山

附　　录

附录 A

表 A1　居民通胀预期心理反应的相关指数

时间	当期物价满意指数	未来物价预期指数	当期收入感受指数	未来收入信心指数	当期就业感受指数	未来就业预期指数
1999Q4	59.1	62.8	59.0	58.7		
2000Q1	60.4	55.7	56.8	56.6		
2000Q2	58.5	55.4	51.4	54.9		
2000Q3	58.1	58.7	52.0	56.3		
2000Q4	57.4	60.7	53.3	58.6		
2001Q1	57.8	55.0	54.6	56.8		
2001Q2	55.5	56.2	55.0	57.4		
2001Q3	57.2	56.1	54.6	57.9		
2001Q4	57.7	56.0	56.2	60.4		
2002Q1	60.0	51.5	60.4	59.3		
2002Q2	58.4	52.2	55.2	58.7		
2002Q3	58.4	54.5	54.9	58.8		
2002Q4	57.4	58.8	56.1	60.6		
2003Q1	58.7	53.2	59.0	58.2		
2003Q2	57.8	54.3	53.0	58.1		
2003Q3	56.0	57.4	55.6	59.4		
2003Q4	47.4	71.5	56.4	61.4		
2004Q1	51.1	61.6	59.1	59.7		
2004Q2	44.2	66.3	56.1	59.0		
2004Q3	42.3	67.3	56.1	60.0		
2004Q4	42.1	67.5	57.1	61.3		

时间	当期物价满意指数	未来物价预期指数	当期收入感受指数	未来收入信心指数	当期就业感受指数	未来就业预期指数
2005Q1	46.0	59.9	62.1	59.8		
2005Q2	44.4	62.8	56.7	59.6		
2005Q3	43.8	65.5	57.4	61.0		
2005Q4	44.0	68.9	57.5	62.2		
2006Q1	45.3	59.9	61.3	60.7		
2006Q2	43.7	66.0	58.8	61.4		
2006Q3	42.6	70.2	59.3	62.5		
2006Q4	43.1	74.1	61.4	64.8		
2007Q1	42.1	69.6	66.1	63.7		
2007Q2	39.6	73.0	62.4	64.2		
2007Q3	28.3	77.8	60.6	63.4		
2007Q4	28.4	80.4	60.8	64.4		
2008Q1	27.5	70.2	64.7	62.4		
2008Q2	29.5	72.1	58.8	61.3		
2008Q3	31.9	66.9	57.6	61.0		
2008Q4	36.6	53.3	53.7	57.4		
2009Q1	40.7	53.9	55.7	58.8	24.0	42.2
2009Q2	30.1	56.7	45.9	52.1	29.5	48.2
2009Q3	29.5	66.7	49.0	54.7	32.7	50.9
2009Q4	28.2	73.4	51.7	57.8	36.0	52.9
2010Q1	25.9	65.6	55.0	56.2	38.4	53.2
2010Q2	21.7	70.3	49.5	53.6	37.6	50.0
2010Q3	21.9	73.2	51.6	55.7	37.9	51.5
2010Q4	13.8	81.7	51.1	55.5	36.9	50.7
2011Q1	17.3	72.8	54.5	55.4	41.7	53.2
2011Q2	16.8	72.2	52.1	55.3	40.7	51.3
2011Q3	14.8	74.8	50.3	54.3	39.1	50.2
2011Q4	16.5	65.4	50.9	55.3	39.8	50.6
2012Q1	19.7	62.1	51.9	54.9	42.3	51.3

时间	当期物价满意指数	未来物价预期指数	当期收入感受指数	未来收入信心指数	当期就业感受指数	未来就业预期指数
2012Q2	18.2	65.5	50.1	53.2	40.1	48.9
2012Q3	21.0	67.6	50.2	53.8	39.0	49.3
2012Q4	22.0	70.2	51.8	56.3	40.6	51.2
2013Q1	20.0	66.9	54.6	55.8	41.9	52.0
2013Q2	21.8	66.8	50.7	53.8	38.3	48.2
2013Q3	21.4	70.5	49.9	52.8	37.3	48.3
2013Q4	20.5	72.2	50.3	54.1	38.8	49.7
2014Q1	23.6	63.9	50.7	53.0	40.6	49.9
2014Q2	23.2	63.8	48.3	51.6	38.6	47.8
2014Q3	25.1	64.1	49.2	52.5	39.2	48.2
2014Q4	25.4	64.5	49.2	53.4	38.8	48.4
2015Q1	27.7	59.0	50.8	51.4	40.6	47.8
2015Q2		60.4	48.5	51.5	40.1	47.8
2015Q3		63.5	47.3	50.1	38.2	46.3
2015Q4		63.8	45.3	49.1	38.3	45.3
2016Q1		57.3	46.2	48.4	37.6	44.8
2016Q2		60.6	45.3	48.8	37.0	45.0
2016Q3		62.6	46.1	49.8	37.1	46.2
2016Q4		67.6	51.9	54.9	40.1	49.4
2017Q1		61.5	52.6	52.9	41.8	51.1
2017Q2		61.3	51.3	52.9	41.9	50.7
2017Q3		61.2	52.8	53.3	42.6	50.8
2017Q4		64.3	53.6	54.9	44.9	53.4
2018Q1		59.6	55.4	54.2	45.8	54.1
2018Q2		61.0	53.2	53.5	45.0	52.3
2018Q3		63.7	53.6	52.7	44.2	51.6
2018Q4		64.3	53.5	54.4	45.5	53.3
2019Q1		60.4	54.8	54.0	45.8	53.7
2019Q2		62.0	53.0	52.6	44.2	52.3

时间	当期物价满意指数	未来物价预期指数	当期收入感受指数	未来收入信心指数	当期就业感受指数	未来就业预期指数
2019Q3		65.4	54.1	53.4	45.4	52.6
2019Q4		64.4	52.6	53.1	44.5	51.9
2020Q1		63.2	41.6	45.9	37.7	47.3
2020Q2		58.3	46.1	47.9	37.5	50.1
2020Q3		62.2	49.3	49.2	39.7	50.4
2020Q4		61.6	50.6	51.2	41.4	51.2
2021Q1		58.4	51.7	51.0	43.9	53.1
2021Q2		59.5	51.2	51.0	44.0	52.2
2021Q3		58.7	49.7	49.5	40.8	49.4

资料来源：根据历年央行官网发布的季度《全国城镇储户问卷调查综述》整理，网址：http：//www.pbc.gov.cn/。

附录 B

表 B1　不同人群通胀预期与实际通胀的因果关系检验

滞后	检验项目	p 值
2 阶	CPI 不是商业代表通胀预期的 Granger 因	0.000
	CPI 不是工会代表通胀预期的 Granger 因	0.000
	CPI 不是金融分析师通胀预期的 Granger 因	0.000
	CPI 不是高收入人群通胀预期的 Granger 因	0.013
	CPI 不是中等偏上收入人群通胀预期的 Granger 因	0.008
	CPI 不是中等偏下收入人群通胀预期的 Granger 因	0.004
	CPI 不是低收入人群通胀预期的 Granger 因	0.003
	CPI 不是大都市家庭通胀预期的 Granger 因	0.005
	CPI 不是其他都市家庭通胀预期的 Granger 因	0.005
	CPI 不是女性通胀预期 的 Granger 因	0.006
	CPI 不是男性通胀预期的 Granger 因	0.004
	CPI 不是黑人通胀预期的 Granger 因	0.003
	CPI 不是有色人通胀预期的 Granger 因	0.015
	CPI 不是印第安人通胀预期的 Granger 因	0.002
	CPI 不是白人通胀预期的 Granger 因	0.010
	CPI 不是 16~24 岁通胀预期的 Granger 因	0.003
	CPI 不是 25~34 岁通胀预期的 Granger 因	0.006
	CPI 不是 35~49 岁通胀预期的 Granger 因	0.006
	CPI 不是 50 岁以上通胀预期 的 Granger 因	0.004
	商业代表通胀预期不是 CPI 的 Granger 因	0.681
	工会代表通胀预期不是 CPI 的 Granger 因	0.978
	金融分析师通胀预期不是 CPI 的 Granger 因	0.640
	高收入人群通胀预期不是 CPI 的 Granger 因	0.961

滞后	检验项目	p 值
2 阶	中等偏上收入人群通胀预期不是 CPI 的 Granger 因	0.982
	中等偏下收入人群通胀预期不是 CPI 的 Granger 因	0.786
	低收入人群通胀预期不是 CPI 的 Granger 因	0.368
	大都市家庭通胀预期不是 CPI 的 Granger 因	0.768
	其他都市家庭通胀预期不是 CPI 的 Granger 因	0.839
	女性通胀预期不是 CPI 的 Granger 因	0.802
	男性通胀预期不是 CPI 的 Granger 因	0.787
	黑人通胀预期不是 CPI 的 Granger 因	0.713
	有色人通胀预期不是 CPI 的 Granger 因	0.997
	印第安人通胀预期不是 CPI 的 Granger 因	0.513
	白人通胀预期不是 CPI 的 Granger 因	0.994
	16~24 岁通胀预期不是 CPI 的 Granger 因	0.909
	25~34 岁通胀预期不是 CPI 的 Granger 因	0.736
	35~49 岁通胀预期不是 CPI 的 Granger 因	0.601
	50 岁以上通胀预期不是 CPI 的 Granger 因	0.959
4 阶	CPI 不是商业代表通胀预期的 Granger 因	0.000
	CPI 不是工会代表通胀预期的 Granger 因	0.000
	CPI 不是金融分析师通胀预期的 Granger 因	0.000
	商业代表通胀预期不是 CPI 的 Granger 因	0.064
	工会代表通胀预期不是 CPI 的 Granger 因	0.068
	金融分析师通胀预期不是 CPI 的 Granger 因	0.061
5 阶	CPI 不是商业代表通胀预期的 Granger 因	0.000
	CPI 不是工会代表通胀预期的 Granger 因	0.000
	CPI 不是金融分析师通胀预期的 Granger 因	0.000
	商业代表通胀预期不是 CPI 的 Granger 因	0.114
	工会代表通胀预期不是 CPI 的 Granger 因	0.027
	金融分析师通胀预期不是 CPI 的 Granger 因	0.087

附录 C

表 C1　2006~2022 年存款准备金率调整表

公布时间	生效时间	大型金融机构			中小金融机构			消息公布次日指数涨跌	
		调整前	调整后	调整幅度	调整前	调整后	调整幅度	上证	深证
2022 年 11 月 25 日	2022 年 12 月 5 日	11.25%	11.00%	-0.25%	8.25%	8.00%	-0.25%	-0.75%	-0.69%
2022 年 4 月 15 日	2022 年 4 月 25 日	11.50%	11.25%	-0.25%	8.50%	8.25%	-0.25%	-0.49%	0.37%
2021 年 12 月 6 日	2021 年 12 月 15 日	12.00%	11.50%	-0.50%	9.00%	8.50%	-0.50%	0.16%	-0.38%
2021 年 7 月 9 日	2021 年 7 月 15 日	12.50%	12.00%	-0.50%	9.50%	9.00%	-0.50%	0.67%	2.14%
2020 年 4 月 3 日	2020 年 5 月 15 日	12.50%	12.50%	0.00%	10.00%	9.50%	-0.50%	2.05%	3.15%
2020 年 4 月 3 日	2020 年 4 月 15 日	12.50%	12.50%	0.00%	10.50%	10.00%	-0.50%	2.05%	3.15%
2020 年 1 月 1 日	2020 年 1 月 6 日	13.00%	12.50%	-0.50%	11.00%	10.50%	-0.50%	1.15%	1.99%
2019 年 9 月 6 日	2019 年 9 月 16 日	13.50%	13.00%	-0.50%	11.50%	11.00%	-0.50%	0.84%	1.82%
2019 年 1 月 4 日	2019 年 1 月 25 日	14.00%	13.50%	-0.50%	12.00%	11.50%	-0.50%	0.72%	1.58%

公布时间	生效时间	大型金融机构			中小金融机构			消息公布次日指数涨跌	
		调整前	调整后	调整幅度	调整前	调整后	调整幅度	上证	深证
2019年1月4日	2019年1月15日	14.50%	14.00%	-0.50%	12.50%	12.00%	-0.50%	0.72%	1.58%
2018年10月7日	2018年10月15日	15.50%	14.50%	-1.00%	13.50%	12.50%	-1.00%	-3.72%	-4.05%
2018年6月24日	2018年7月5日	16.00%	15.50%	-0.50%	14.00%	13.50%	-0.50%	-1.05%	-0.90%
2018年4月17日	2018年4月25日	17.00%	16.00%	-1.00%	15.00%	14.00%	-1.00%	0.80%	0.92%
2016年2月29日	2016年3月1日	17.50%	17.00%	-0.50%	15.50%	15.00%	-0.50%	1.68%	2.47%
2015年10月23日	2015年10月24日	18.00%	17.50%	-0.50%	16.00%	15.50%	-0.50%	0.50%	0.73%
2015年8月25日	2015年9月6日	18.50%	18.00%	-0.50%	16.50%	16.00%	-0.50%	-1.27%	-2.92%
2015年4月19日	2015年4月20日	19.50%	18.50%	-1.00%	17.50%	16.50%	-1.00%	-1.64%	-1.96%
2015年2月4日	2015年2月5日	20.00%	19.50%	-0.50%	18.00%	17.50%	-0.50%	-1.18%	-0.46%
2012年5月12日	2012年5月18日	20.50%	20.00%	-0.50%	18.50%	18.00%	-0.50%	-0.60%	-1.16%
2012年2月18日	2012年2月24日	21.00%	20.50%	-0.50%	19.00%	18.50%	-0.50%	0.27%	0.01%
2011年11月30日	2011年12月5日	21.50%	21.00%	-0.50%	19.50%	19.00%	-0.50%	2.29%	2.32%
2011年6月14日	2011年6月20日	21.00%	21.50%	0.50%	19.00%	19.50%	0.50%	-0.90%	-0.99%

续表

公布时间	生效时间	大型金融机构			中小金融机构			消息公布次日指数涨跌	
		调整前	调整后	调整幅度	调整前	调整后	调整幅度	上证	深证
2011年5月12日	2011年5月18日	20.50%	21.00%	0.50%	18.50%	19.00%	0.50%	0.95%	0.70%
2011年4月17日	2011年4月21日	20.00%	20.50%	0.50%	18.00%	18.50%	0.50%	0.22%	0.27%
2011年3月18日	2011年3月25日	19.50%	20.00%	0.50%	17.00%	18.00%	1.00%	0.08%	-0.62%
2011年2月18日	2011年2月24日	19.00%	19.50%	0.50%	16.50%	17.00%	0.50%	1.12%	2.06%
2011年1月14日	2011年1月20日	18.50%	19.00%	0.50%	16.50%	16.50%	0.00%	-3.03%	-4.55%
2010年12月10日	2010年12月20日	18.00%	18.50%	0.50%	16.00%	16.50%	0.50%	2.88%	3.57%
2010年11月19日	2010年11月29日	17.50%	18.00%	0.50%	15.50%	16.00%	0.50%	-0.15%	0.06%
2010年11月10日	2010年11月16日	17.00%	17.50%	0.50%	15.00%	15.50%	0.50%	1.04%	-0.15%
2010年5月2日	2010年5月10日	16.50%	17.00%	0.50%	14.50%	15.00%	0.50%	-1.23%	-1.81%
2010年2月12日	2010年2月25日	16.00%	16.50%	0.50%	14.00%	14.50%	0.50%	-0.49%	-0.74%
2010年1月12日	2010年1月18日	15.50%	16.00%	0.50%	13.50%	14.00%	0.50%	-3.09%	-2.73%
2008年12月22日	2008年12月25日	16.00%	15.50%	-0.50%	14.00%	13.50%	-0.50%	-4.55%	-4.69%
2008年11月26日	2008年12月5日	17.00%	16.00%	-1.00%	16.00%	14.00%	-2.00%	1.05%	2.30%

公布时间	生效时间	大型金融机构			中小金融机构			消息公布次日指数涨跌	
		调整前	调整后	调整幅度	调整前	调整后	调整幅度	上证	深证
2008 年 10 月 8 日	2008 年 10 月 15 日	17.50%	17.00%	-0.50%	16.50%	16.00%	-0.50%	-0.84%	-2.40%
2008 年 9 月 15 日	2008 年 9 月 25 日	17.50%	17.50%	0.00%	17.50%	16.50%	-1.00%	-4.47%	-0.89%
2008 年 6 月 7 日	2008 年 6 月 25 日	17.00%	17.50%	0.50%	17.00%	17.50%	0.50%	-7.73%	-8.25%
2008 年 6 月 7 日	2008 年 6 月 15 日	16.50%	17.00%	0.50%	16.50%	17.00%	0.50%	-7.73%	-8.25%
2008 年 5 月 12 日	2008 年 5 月 20 日	16.00%	16.50%	0.50%	16.00%	16.50%	0.50%	-1.84%	-0.70%
2008 年 4 月 16 日	2008 年 4 月 25 日	15.50%	16.00%	0.50%	15.50%	16.00%	0.50%	-2.09%	-3.32%
2008 年 3 月 18 日	2008 年 3 月 25 日	15.00%	15.50%	0.50%	15.00%	15.50%	0.50%	2.53%	4.45%
2008 年 1 月 16 日	2008 年 1 月 25 日	14.50%	15.00%	0.50%	14.50%	15.00%	0.50%	-2.63%	-2.41%
2007 年 12 月 8 日	2007 年 12 月 25 日	13.50%	14.50%	1.00%	13.50%	14.50%	1.00%	1.38%	2.07%
2007 年 11 月 10 日	2007 年 11 月 26 日	13.00%	13.50%	0.50%	13.00%	13.50%	0.50%	-2.40%	-0.55%
2007 年 10 月 13 日	2007 年 10 月 25 日	12.50%	13.00%	0.50%	12.50%	13.00%	0.50%	2.15%	-0.24%
2007 年 9 月 6 日	2007 年 9 月 25 日	12.00%	12.50%	0.50%	12.00%	12.50%	0.50%	-2.16%	-2.21%
2007 年 7 月 30 日	2007 年 8 月 15 日	11.50%	12.00%	0.50%	11.50%	12.00%	0.50%	0.68%	0.92%

续表

公布时间	生效时间	大型金融机构			中小金融机构			消息公布次日指数涨跌	
		调整前	调整后	调整幅度	调整前	调整后	调整幅度	上证	深证
2007年5月18日	2007年6月5日	11.00%	11.50%	0.50%	11.00%	11.50%	0.50%	1.04%	1.40%
2007年4月29日	2007年5月15日	10.50%	11.00%	0.50%	10.50%	11.00%	0.50%	2.17%	1.66%
2007年4月5日	2007年4月16日	10.00%	10.50%	0.50%	10.00%	10.50%	0.50%	0.13%	1.17%
2007年2月16日	2007年2月25日	9.50%	10.00%	0.50%	9.50%	10.00%	0.50%	1.40%	0.05%
2007年1月5日	2007年1月15日	9.00%	9.50%	0.50%	9.00%	9.50%	0.50%	2.49%	2.45%
2006年11月6日	2006年11月15日	8.50%	9.00%	0.50%	8.50%	9.00%	0.50%	1.83%	1.69%
2006年7月21日	2006年8月15日	8.00%	8.50%	0.50%	8.00%	8.50%	0.50%	2.10%	2.24%
2006年6月16日	2006年7月5日	7.50%	8.00%	0.50%	7.50%	8.00%	0.50%	2.98%	3.43%

资料来源：东方财富网，https：//data. eastmoney. com/cjsj/ckzbj. html。